Manuela van Schewick

Labrador Retriever

AUGUSTUS

Inhalt

Den Labrador Retriever kennen lernen ... 4
Die Geschichte des Labrador Retrievers ... 4
Der Labrador Retriever heute ... 5
Rassemerkmale ... 7
Wesen und Verhalten ... 8
Die Sinne ... 10

Wichtige Fragen vorab ... 12
Was ist zu bedenken? ... 12
Verantwortung für viele Jahre ... 13
Haben Sie genug Zeit? ... 13
Hunde kosten Geld ... 14
Kinder und Labrador Retriever ... 15
Labrador Retriever und andere Haustiere ... 17
Die Wahl des richtigen Hundes ... 18
Wie viel Power darf es sein? ... 18
Rüde oder Hündin? ... 19
Welches Alter ist das richtige? ... 20
Ein oder zwei Labrador Retriever? ... 20
Wo gibt es Labrador Retriever? ... 21
Die Auswahl des Hundes ... 23

Haltung, Pflege und Erziehung ... 24
Ein Labrador kommt ins Haus ... 24
Wichtige Überlegungen vorher ... 24
Ausstattung ... 25
Das Abholen des Hundes ... 25
Die ersten Tage und Nächte ... 26
Stubenreinheit ... 28
Die richtige Ernährung ... 29
Die Ernährung des Welpen und Junghundes ... 29

Welches Futter für erwachsene Hunde?	30
Fertigfutter	30
Futter selbst gemacht	31
Ach du dicker Hund	31
Kleine Zwischenmahlzeit	32

Die richtige Pflege ... 32
Labradorpflege von A–Z ... 32

Erziehung ... 35
   Auch im Rudel wird erzogen ... 35
   Was jeder Hund können sollte ... 36

Freizeit mit dem Labrador Retriever ... 42
   Rücksicht nehmen ... 42
   Spaziergänge ... 43
   Sportsfreund Labrador ... 44
   Dummy-Training ... 45
   Jagdliche Ausbildung ... 45
   Der Rettungshund ... 46
   Ausstellungen ... 47
   Urlaub ... 47

Nachwuchs ... 49
   Anforderungen an Hund und Züchter ... 49
   Empfängnisverhütung ... 50

GESUNDHEITSVORSORGE UND KRANKHEITEN ... 52

Krankheiten vorbeugen ... 52
   Erste Anzeichen ... 53
   Der Besuch beim Tierarzt ... 54
   Medikamente ... 55
   Krankheiten, gegen die man Hunde impfen sollte ... 56
   Erbliche Erkrankungen ... 57
   Parasiten ... 57
   Erste Hilfe ... 59

Der alte Labrador ... 60
   Bedürfnisse ... 60
   Abschied nehmen ... 60

Forum für Labrador Retriever ... 61
   Literatur, Adressen, Impressum ... 61
   Register ... 62
   Labradorspiel ... 63
   Antworten zum Labradorspiel ... 64

Wichtiges auf einen Blick

Labradorkunde	6
Kostentabelle	15
Checkliste: Kauf beim Züchter	22
Grundausstattung	25
Gefahrenquellen in Haus und Garten	28
Gesundheitscheckliste	34
Checkliste Urlaub	49
Impfplan	53

Den Labrador Retriever kennen lernen

Er besticht durch seine ungestüme Freundlichkeit, die Souveränität, mit der er alle Alltagssituationen meistert. Temperamentvoll und doch ausgeglichen, robust und doch sensibel, ist der Labrador Retriever ein vielseitiger „Workaholic", der die Herzen seiner Umgebung im Sturm erobert.

Die Geschichte des Labrador Retrievers

Wohl etwa 300 Jahre bevor Urahnen unserer heutigen Retrieverrassen nach England importiert wurden, begann die Entstehung dieser Rassen im unwirtlichen Klima Neufundlands vor der Küste Labradors. Als Helfer der Fischer und Jäger entwickelten sich dort zwei Gebrauchshundetypen: der große, kräftige Neufundländer (Newfoundland Dog) und der kleinere „St. John's Dog", auch „Smaller Newfoundland" oder „Water Dog" genannt. Beide waren außerordentlich robuste Hunde. Ihr dichtes Fell mit seiner wasserabstoßenden Unterwolle schützte sie bei ihrer Arbeit in den eiskalten Küstengewässern. Während der starke Neufundländer eher als Zugtier diente, hatte der „St. John's Dog" die Aufgabe, Fische, die aus den Netzen getrieben waren, Enten oder anderes geschossenes Wild zu finden und seinem Herrn zu bringen.

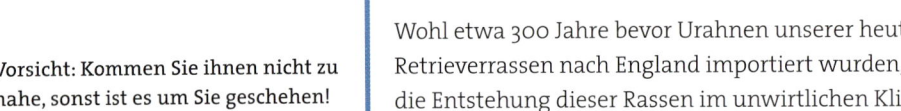

Vorsicht: Kommen Sie ihnen nicht zu nahe, sonst ist es um Sie geschehen! Die munteren Charmeure wickeln Sie um den Finger, ehe Sie sich versehen.

Voller Spannung warten die beiden auf ihren Einsatz.

Mit den Fischereiflotten kamen immer wieder einige dieser Hunde in die Hafenstadt Poole in England. Ihre ausgezeichneten jagdlichen Fähigkeiten und die in alten Dokumenten immer wieder hervorgehobene Intelligenz ließen sie, besonders im englischen Adel, schnell Freunde finden, die sich auch ihrer Zucht annahmen. Der Name „Labrador" taucht in einem Schriftstück 1839 erstmals auf. Als „Retriever" bezeichnete man damals alle Hunderassen mit besonderer Apportierfreudigkeit.

Zur Verbesserung seiner Eigenschaften wurde der Labrador mit anderen Jagdhunden verpaart, und es dauerte fast 100 Jahre, bis zu Beginn des 20. Jahrhunderts der schwarze Labrador Retriever als eigenständige Rasse anerkannt wurde. Gelbe und braune Hunde galten zunächst als Fehlfarben. Erst nach dem Ersten Weltkrieg wurden auch sie bei Ausstellungen akzeptiert. Seit der Gründung des Deutschen Retriever Clubs 1963 wird auch in Deutschland ein Zuchtbuch für die Retrieverrassen geführt.

Der Labrador Retriever heute

Noch vor zwanzig Jahren kannte man den Labrador bei uns kaum, mittlerweile aber hat sich der liebenswürdige und vielseitig begabte Hund seinen Platz in unserem Alltag erobert. Als geduldiger Familienhund, passionierter Jagdgehilfe, zuverlässiger Blindenführhund oder Servicehund für anderweitig behinderte Menschen, als Rauschgift- oder Sprengstoffspürhund, als Rettungshund oder Sportsfreund begeistert er seine Menschen.

Ein zuverlässiger Begleiter bei der Jagd, früher wie heute!

Labradorkunde

1 Fang
2 Nasenschwamm
3 Stop
4 Lefzen
5 Behang
6 Widerrist
7 Rutenansatz
8 Otterrute
9 Sprunggelenk
10 Kniegelenk
11 Brustkorb
12 Ellenbogengelenk
13 Vorderlauf mit Ober- und Unterarm
14 Fesseln

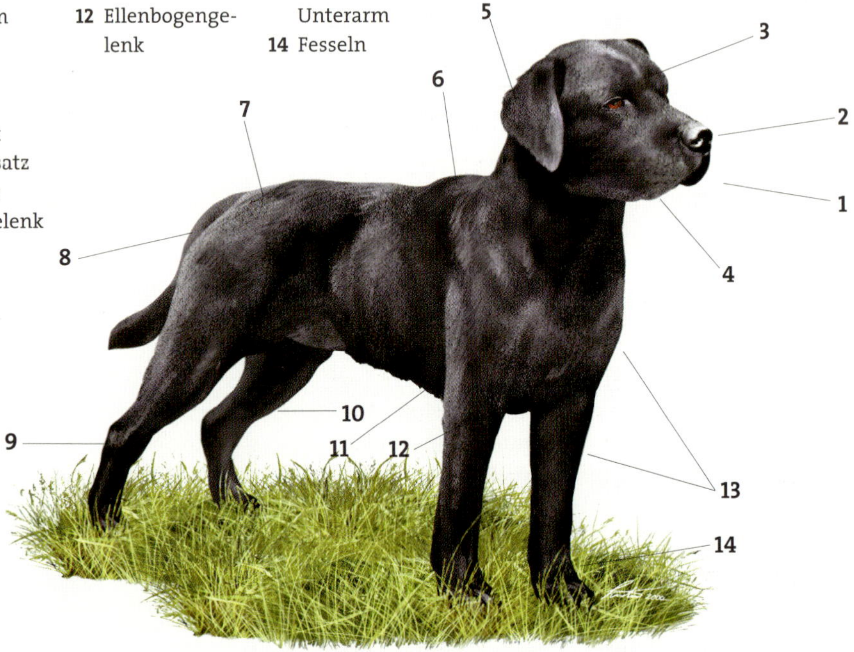

In den letzten Jahrzehnten haben sich in Bezug auf die Zucht zwei Richtungen entwickelt. Zum einen die so genannten Schönheits- oder Schaulinien: Im Gegensatz zu den Hunden aus Arbeitslinien (Field-Trial-Linien) ist der Schauhund im Allgemeinen von besonders kräftiger Statur. Sein Temperament ist nicht unbedingt so überschäumend wie das des reinen Arbeitshundes. Bei den Arbeitslinien ist das Hauptaugenmerk des Züchters dagegen auf die stete Verbesserung aller Eigenschaften gerichtet, die den guten Arbeitshund (meist Jagdhund) ausmachen. Viele Züchter versuchen einen Hund zu züchten, der gleichzeitig dem Schönheitsideal entspricht und auch den Anforderungen anspruchsvoller Arbeitsprüfungen gewachsen ist, den Dual Purpose Hund.

Rassemerkmale

Für jede anerkannte Hunderasse existiert ein so genannter Rassestandard, eine detaillierte Beschreibung von Aussehen und Wesen des jeweiligen Hundes – entstanden im Ursprungsland der Rasse, in unserem Fall also in Großbritannien. Damit Sie nun sicher sein können, dass der Welpe, den Sie erstehen möchten, später so aussieht wie ein Labrador und möglichst auch noch das erwünschte Wesen zeigt, ist es von großer Bedeutung, dass nur der Hund zur Zucht verwendet wird, der dem Rassestandard nahe kommt.

Der FCI, der internationale Dachverband für die Zucht von Rassehunden, gibt für den Labrador Retriever folgenden Standard für das äußere Erscheinungsbild vor: Der Labrador soll kräftig gebaut sein, mit tiefem, stark gewölbtem Brustkorb, breit und stark in der Lendenpartie und der Hinterhand, die gut bemuskelt sein soll.

Der breite Kopf ist gut modelliert, hat einen ausgeprägten Stop und einen kraftvollen, nicht spitz zulaufenden Kiefer. Die Ohren liegen ziemlich weit hinten dicht am Kopf an und sind nicht zu groß. Die mittelgroßen Augen sind braun oder haselnussfarben. Typisch sind die runden Pfoten (Katzenpfoten) und die rundum mit dichtem Fell bedeckte „Otterrute". Ebenso charakteristisch ist das stockhaarige Fell (kurz, dicht, hart) mit seiner wasserabweisenden Unterwolle.

Einfach da sein, Nähe und Zuneigung spüren lassen – als Therapiehund ist mancher Labrador eine große Hilfe.

Bei jeder Ausstellung wird diese schöne, braune Labradorhündin wohl Aussichten auf einen Titel haben.

Apportieren zu dürfen, empfindet ein Labrador Retriever als Belohnung.

Der Labrador Retriever ist einfarbig schwarz, gelb oder schokoladenbraun. Ein kleiner weißer Brustfleck ist statthaft. Rüden sollen eine Widerristhöhe von 56 bis 57 cm haben, Hündinnen 54 bis 56 cm.

Wesen und Verhalten

Intelligent, aufmerksam und leichtführig soll der Labrador Retriever sein, ohne Anzeichen von Aggressivität oder Scheue, sicher und unerschrocken in allen Alltagssituationen. Das Bedürfnis, seinem Menschen zu Diensten zu sein („will to please"), liegt ihm im Blut. Durch sein freundliches und unkompliziertes Wesen hat er in den letzten Jahren auch bei uns eine steile Karriere als Familienhund gemacht. Sein Name verrät uns eine Eigenschaft, für die der Labrador Retriever lebt und stirbt: Das englische Verb „to retrieve" bedeutet „zurückbringen, apportieren". Es gibt wohl nur eine Tätigkeit im Leben eines Labis, der eine ähnlich große Bedeutung zukommt wie dem Apportieren: das Fressen.

Beobachten Sie den Labrador einmal im Wasser, so könnten Sie fast auf die Idee kommen, ein Seehund gehöre in die Reihen seiner Vorfahren. Und seien Sie sicher: Bei Apportierspielen am Wasser wird Ihr Arm vom stetigen Beutewerfen längst erlahmt sein, wenn Ihr ausdauernder Schwimmer, oft sogar geschickter Taucher, bei weitem noch nicht an Ermüdung denkt.

Wenn wir die Entstehungsgeschichte des Labrador Retrievers betrachten, wird uns klar, dass die Eigenschaften, die uns heute lieb und hilfreich sind, früher für diese Hunde überlebenswichtig waren.

Das raue Klima Neufundlands mit eisigen Küstengewässern und die harte Arbeit, die diesen Hunden abverlangt wurde, forderten einen robusten, unempfindlichen und ausdauernden Hund. Arbeitsfreude und bedingungsloser Einsatz im Wasser und an Land, die nötige Ruhe bei der Entenjagd und die Bereitschaft, auch über große Entfernungen mit seinem Menschen zusammenzuarbeiten, waren ebenso wichtig wie die schnelle Auffassungsgabe und die Fähigkeit, Situationen zu erfassen. Die Freundlichkeit und Verträglichkeit gegenüber Menschen und anderen Hunden machten die enge Zusammenarbeit auf kleinen Booten erst möglich.

Auch wenn unsere Jäger den zuverlässigen Apportierhund mit dem weichen Maul zunehmend zu schätzen wissen, so werden die meisten Labis ihr Leben doch als Familienhunde verbringen. In speziellen Leistungsprüfungen kann auch der Familienhund seine Fähigkeiten unter Beweis stellen. Ein Wesenstest für alle Retriever, die zur Zucht verwendet werden, soll gewährleisten, dass die von uns so geschätzten wesensmäßigen Eigenschaften auch in Zukunft erhalten bleiben. Hier wird in nachgestellten Alltagssituationen das Verhalten gegenüber Menschen sowie akustischen und optischen Reizquellen getestet. Retriever mit ausgeprägter Ängstlichkeit, Unsicherheit oder Scheue, aggressive, schreckhafte oder schussscheue Hunde bestehen den Test nicht. Diese Eigenschaften sollen nicht weitervererbt werden.

> **Wichtig!**
> Lassen Sie sich nicht dazu verleiten, Ihrem apportierfreudigen Vierbeiner Stöcke zu werfen. Bleiben Sie im Boden stecken und der Hund stürzt sich darauf, kann es zu lebensgefährlichen Verletzungen kommen.

Im Wasser ist jeder Retriever in seinem Element, bei jedem Wetter und zu jeder Jahreszeit – auch „Belle von Tomberg"!

Hunde haben eigene Vorstellungen von Wohlgerüchen – nach Chanel No 5 wird er gleich nicht duften!

Die Sinne

Der Urahn all unserer Haushundrassen ist der Wolf, ein Raubtier – von der Natur perfekt ausgestattet mit allen Fähigkeiten, die sein Überleben sichern, vor allem mit außerordentlich hoch entwickelten Sinnesleistungen. Durch gezielte Zuchtauswahl hat der Mensch im Laufe der Zeit Eigenschaften verändert, sie verkümmern lassen oder gefördert, und so Hunde für bestimmte Aufgaben spezialisiert. Beim Labrador Retriever stand immer der jagdliche Einsatz im Vordergrund.

Geruchssinn

Das Ausmaß, in dem ein Hund Witterungen aufnehmen und nutzen kann, wird uns Menschen, die wir eine millionenfach höhere Konzentration von Duftmolekülen für unsere degenerierten Wahrnehmungsmöglichkeiten benötigen, wohl immer unvorstellbar bleiben. Wichtige Informationen nimmt der Hund über den Geruchssinn wahr. Duftmarken verraten viel über die Identität ihrer Urheber, zum Beispiel deren Geschlecht, Fortpflanzungsbereitschaft, Stärke oder Schwäche, ... Die „Geruchszeitung" vermittelt Ihrem Hund beim täglichen Spaziergang nicht nur, welcher Spielgefährte oder Lieblingsgegner in welchem zeitlichen Abstand seine Wege benutzt hat, er nimmt selbstverständlich auch wahr, in welche Richtung die gerade kreuzende Kaninchenspur zu verfolgen ist und ob das Alter der Spur den Aufwand überhaupt noch lohnt. Uns Menschen kommen die genialen geruchlichen Fähig-

Tipp!
Hat Ihr Hund sich einmal etwas weiter von Ihnen entfernt und Sie möchten ihn zurückrufen, so erleichtern Sie ihm die Orientierung durch eine Armbewegung.

keiten in vielen Bereichen zugute. Dem Jäger leistet der Labrador gute Dienste, indem er geschossenes Wild auch in schwierigem Gelände aufspürt und apportiert. Als Rauschgift- oder Sprengstoffspürhunde ausgebildete Labrador Retriever finden ihre Beute, selbst wenn sie in Folie eingeschweißt und nicht direkt mit der Nase erreichbar ist. Rettungshunde spüren Menschen unter Trümmer- oder Schneemassen auf und signalisieren ihrem Führer durch ihr Verhalten in der Regel sogar, ob das Opfer noch lebt.

Auch wenn Ihr Labrador kein Arbeitshund ist, hat er eine hervorragende Nase. Gönnen Sie ihm und sich das Vergnügen, im Alltag davon Gebrauch machen zu können: Lassen Sie ihn suchen, nach Ihnen, Ihren Kindern, nach im Haus versteckten Bällen oder Leckerchen usw.

Gehör

Nach allem, was wir heute über die Sinnesleistungen der Hunde wissen, müssten sie eigentlich der Vergangenheit angehören: die Hundeübungsplätze, auf denen jedes Kommando in durchdringender Lautstärke übermittelt wird. Denn jedes Geräusch nimmt unser vierbeiniger Freund um ein Vielfaches lauter wahr als wir, er hört Frequenzen die weit außerhalb unseres Wahrnehmungsbereiches liegen. Ihr geflüsterter Befehl wird sicher mit gespannter Aufmerksamkeit belohnt.

Sehvermögen

Wölfe sind Jäger. Sie jagen Beutetiere, die sich bewegen. Es ist also klar, dass unsere domestizierten Wolfsenkel Dinge, die sich bewegen – auch in großer Entfernung –, besonders gut wahrnehmen. Zwar ist ihr Sehvermögen wohl nicht so differenziert wie das des Menschen, was auch das farbliche Sehen betrifft, dafür ist ihr Gesichtsfeld wesentlich größer als das unsere. Und selbst die Orientierung in der Dämmerung stellt für sie kein Problem dar.

„Mit meinen Ohren höre ich viel besser als ein Mensch. Du kannst ganz leise mit mir reden."

Wichtige Fragen vorab

Die Kinder bitten und betteln und der Blick aus großen, braunen Labradoraugen lässt auch Sie dahinschmelzen. Doch prüfe, wer sich ewig bindet .... Nur, wenn Sie überzeugt sind vom Wesen dieses Hundes, wenn Sie seinen Bedürfnissen gerecht werden können, kann es eine harmonische Mensch-Hund-Beziehung werden.

Was ist zu bedenken?

Die ganz profanen Voraussetzungen für den Hundekauf haben Sie sicher schon geklärt: Der Vermieter ist mit der Hundehaltung einverstanden, niemand in Ihrer Familie hat eine Tierhaarallergie und Ihr Partner wird nicht ausziehen, weil ein Hund ins Haus kommt. Nun gilt es den Alltag zu durchdenken, um Probleme, die die Hundehaltung erschweren, vor dem Kauf zu erkennen.

Örtliche Gegebenheiten sind für Ihren Labrador Retriever weniger wichtig als Ihre Nähe. Natürlich bietet ein Haus mit Garten durchaus Vorteile für den Hundealltag, der Garten ersetzt jedoch nicht den Spaziergang, und Ihr Labrador wird sich auch bei großem Raumangebot ohnehin dort aufhalten wollen, wo Sie sind. Die Haltung in der Etagenwohnung oder der zeitweise Aufenthalt im Büro sind durchaus praktikabel. Für ausreichende Bewegung und Beschäftigung müssen Sie hier wie dort sorgen. Ein wichtiger Gesichtspunkt ist allerdings, dass das Trep-

Mehr als manch anderer Hund ist der Labrador Retriever auf seine Menschen, sein „Rudel", angewiesen.

pensteigen insbesondere für die Gelenke des jungen Hundes schädlich ist. Ein Aufzug wäre also hilfreich, andernfalls werden Sie Ihren Liebling in den ersten Monaten und eventuell im Krankheitsfall tragen müssen – und das kann schwer werden. Ein ausgewachsener Rüde bringt locker 35 kg und mehr auf die Waage.

Verantwortung für viele Jahre

Natürlich bindet man sich nicht ewig, wenn man sich einen Hund kauft, doch bis der Tod Sie scheidet, sollte es schon sein. Die Lebenserwartung eines Labradors beträgt ca. zwölf Jahre, aber auch 15 Jahre sind durchaus möglich. Ein langes Hundeleben, für das Sie die Verantwortung übernehmen! Selbst wenn alle Familienmitglieder anfangs dauerhaftes Engagement bei der Versorgung des Hundes schwören, bleibt erfahrungsgemäß früher oder später das Gros der Arbeit an einem (an Ihnen?) hängen.

Abgesehen von Spaziergängen, Trainingsstunden und häufigerem Putzen der Wohnung muss Ihr neuer Freund auch in das weitere Alltagsgeschehen eingeplant werden: Besuche bei Freunden, Wochenendausflüge, Urlaub – kann der Hund mitkommen? Sicher kann Ihr Welpe weder an der Fahrradtour, noch an der Bergwanderung teilnehmen. Gibt es Verwandte oder Freunde, die im Notfall den Hund hüten, oder sind Sie bereit, auf die eine oder andere Unternehmung zu verzichten?

Haben Sie genug Zeit?

Wer um die Geschichte und das Wesen des Labrador Retrievers weiß, wird kaum auf die Idee kommen den Hund mit gelegentlichen Spaziergängen abzuspeisen. Zwei Stunden für die tägliche Bewegung Ihres Hundes sollten Sie immer einrechnen. Ihrer Fantasie sind in Bezug auf die Beschäftigung mit dem Hund wenige Grenzen gesetzt. Und Ihrer Zeit? Dass ein Welpe viel Zeit und Aufmerksamkeit braucht, wissen Sie natürlich. Sind Sie berufstätig, so empfiehlt es sich, für die ersten Wochen Urlaub zu neh-

Es erleichtert den normalen Tagesablauf, wenn die nähere Umgebung Ihrer Wohnung für Hundespaziergänge geeignet ist, der Hund frei laufen und sich lösen kann, ohne andere Menschen zu belästigen.

Tipp!

Lassen Sie sich die Zusage des Vermieters darüber, dass er nichts gegen Hundehaltung einzuwenden hat, schriftlich geben. Das beugt eventuellen späteren Diskussionen vor.

Wie auch immer Sie diesen harmlos dreinschauenden Troll beschäftigen, tun SIE es, sonst wird er sich selbst Aufgaben suchen – und das muss nicht unbedingt in Ihrem Sinne sein.

Wichtig!

Der Kontakt zu anderen Hunden ist immer wichtig, in den ersten Lebensmonaten für eine gesunde Sozialentwicklung sogar zwingend erforderlich.

Ein Labi kommt selten allein. Nur in Gesellschaft von Menschen oder Hunden fühlt sich ein Labrador wirklich wohl.

men. So kann der neue Mitbewohner, egal ob Welpe oder erwachsener Hund, in Ruhe an seine neue Umgebung und den neuen Lebensrhythmus gewöhnt werden.

Länger als vier bis fünf Stunden täglich sollte auch der erwachsene Hund nicht alleine sein, denn Hunde sind sehr soziale Wesen, deren Verhalten auf das Zusammenleben in der Gruppe ausgerichtet ist. Berücksichtigt man dies, dann verbietet sich die dauerhafte Einzelhaltung im Zwinger von selbst! Planen Sie am besten von Anfang an den Besuch einer Welpen-Spielgruppe mit ein. Hier finden Sie und Ihr Hund Gleichgesinnte und man wird Sie mit wertvollen Tipps unterstützen. Retrieververeine und viele Hundeschulen bieten solche Kurse an. Ihr Züchter oder Ihr Tierarzt können Ihnen sicher Adressen nennen.

Hunde kosten Geld

Im Laufe seines Hundelebens wird Ihr vierbeiniger Gefährte Sie eine Stange Geld kosten. Beginnen wir bei der Anschaffung: Ein Labradorwelpe mit VDH-Papieren kostet zur Zeit etwa 1800 bis 2000 DM. Für einen Tierheimhund werden Sie dagegen eine Spende von circa 350 DM geben müssen.

Die Grundausstattung für den Hund lässt sich individuell und preislich sehr unterschiedlich gestalten und unterliegt zudem einem gewissen Verschleiß. Die laufenden Kosten, die in nebenstehender Tabelle noch einmal zusammengestellt werden, sind es aber, die wirklich ins Geld gehen.

Wichtige Fragen vorab

Alle Gemeinden erheben Hundesteuern, wenn auch in sehr unterschiedlicher Höhe. Für einen Hund zahlen Sie zwischen 50 und 250 DM im Jahr, jeder weitere Hund wird im Allgemeinen teurer. Der Abschluss einer Haftpflichtversicherung ist dringend anzuraten, denn auch der wohlerzogenste Hund kann das spontane Bedürfnis verspüren, sich mit Nachbars Katze auf der anderen Straßenseite zu „unterhalten". Vergleichen Sie dabei unbedingt die Angebote der Versicherer! Dies empfiehlt sich auch, wenn Sie für den Hund eine Krankenversicherung abschließen möchten. Befragen Sie eventuell Ihren Tierarzt dazu. Den sehen Sie ohnehin gelegentlich – wenn Sie Glück haben nur einmal im Jahr zum Impfen. Davon sollten Sie aber nicht ausgehen. Ernstere Erkrankungen oder ein Unfall könnten Ihren Geldbeutel sehr strapazieren.

Beim Futter muss auf Qualität geachtet werden. Mit 100 DM im Monat kommen Sie aus. Auch im Urlaub kostet der Hund extra. Für die Unterbringung in einer Hundepension zahlen Sie mindestens 20 DM am Tag; nehmen Sie ihn mit, kostet seine bloße Anwesenheit in manchem Hotel denselben Preis. Bahn- oder Flugkosten und gegebenenfalls eine Transportbox kommen noch hinzu.

Sollte Sie das Hundefieber richtig packen und Sie Spaß an der Arbeit und an Prüfungen oder Ausstellungen finden, lassen sich die Ausgaben leicht steigern. Er könnte also lieb und teuer werden, der neue Freund! Dafür macht er aber viel Freude und es gibt Dinge zwischen Mensch und Hund, die ohnehin unbezahlbar sind.

Kinder und Labrador Retriever

Freundlich, fröhlich und sicher im Alltag ist der Labrador eigentlich ein Hund, der hervorragend für das Zusammenleben mit Kindern geeignet ist. Er tobt gerne, schmust gerne, fühlt sich wohl unter vielen Menschen, und trotz seiner Sensibilität ist er robust genug, um auch gelegent-

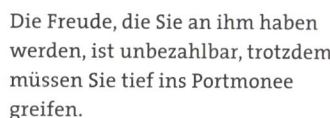

Die Freude, die Sie an ihm haben werden, ist unbezahlbar, trotzdem müssen Sie tief ins Portmonee greifen.

Kosten auf einen Blick

Grundausstattung: 250 DM, jährliche Kosten:
Hundesteuer: 50 bis 250 DM
Haftpflicht: 100 bis 150 DM
Tierarzt: 200 DM
Futter: 1200 DM

Jedes Kind kann seinem Alter und seiner Persönlichkeit entsprechend Aufgaben übernehmen. Die richtige Anleitung ist dabei ebenso wichtig wie das Vorbild des Erwachsenen.

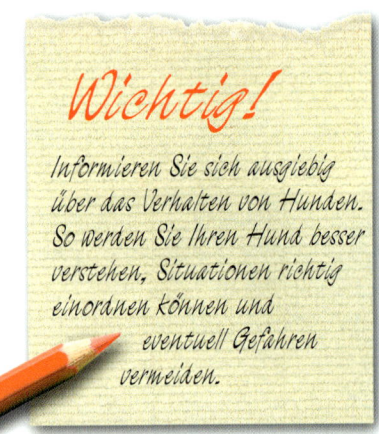

Wichtig!
Informieren Sie sich ausgiebig über das Verhalten von Hunden. So werden Sie Ihren Hund besser verstehen, Situationen richtig einordnen können und eventuell Gefahren vermeiden.

Die Beziehung zwischen Mensch und Hund birgt Erfahrungen, die kein Schulbuch vermitteln kann.

lich etwas grob ausfallende Liebkosungen kleiner Kinder locker wegzustecken. Aber auch wenn Sie einen besonders liebenswürdigen und geduldigen Vertreter der Rasse Ihr eigen nennen, ist es wichtig, Folgendes im Hinterkopf zu haben:

Auch der freundlichste Hund der Welt ist ein Tier, und auch die sorgfältigste Erziehung wird ihn nicht dazu bewegen, zu handeln wie ein Mensch! Ein Hund mit gesunder Sozialentwicklung wird sich in die Rangordnung seiner „Menschenmeute" einfügen. Er wird die Stärken und Schwächen des einzelnen „Rudelmitgliedes" genau einzuschätzen und zu beantworten wissen. Babys und Kleinkinder dürfen sich oft, ähnlich wie Welpen, den erwachsenen Hunden gegenüber viele Freiheiten herausnehmen.

Doch auch ein geduldiger und freundlicher Labrador hat irgendwann seine Schmerzgrenze erreicht und ist vielleicht auch nicht bereit, sich alles bieten zu lassen. Wenn Ignorieren und Knurren nichts nützen, könnte er sich zu einem Drohschnappen hinreißen lassen. Das kann schmerzhaft sein! Schlimmeres entnehmen wir leider gelegentlich der Sensationspresse. Ist der Erwachsene sich dieser Tatsachen bewusst, wird er früh genug eingreifen, das Verhalten des Kindes lenken und jüngere Kinder und Hunde vor allen Dingen nicht unbeaufsichtigt lassen. Gelegentlich haben Eltern die Idee, ihr Kind könne allein für die Versorgung eines Hundes zuständig sein. Vergessen Sie es! Die Aufgabe ist so komplex, dass selbst ältere Kinder damit meist überfordert sind.

Kinder können viel lernen im Umgang mit Hunden und in ihrer Entwicklung sehr davon profitieren. Sie können bedingungslose Nähe und Zuwendung erleben, werden lernen, ein anderes Individuum zu akzeptieren, eigene Grenzen zu erkennen und zumindest in Teilbereichen Verantwortung zu übernehmen.

Keine Sorgen müssen Sie sich machen, wenn Ihr Labrador Retriever bereits zur Familie gehört und ein Baby dazukommt. Setzen Sie für den Hund die richtigen Signale, und vermeiden Sie damit unnötigen Stress. Das Baby gehört zu Ihnen, dem Boss, und benötigt viel Zeit und Aufmerksamkeit. Erlauben Sie Ihrem Labrador doch einfach, sich ganz selbstverständlich in Ihrer Nähe aufzuhalten, wenn das neue Rudelmitglied versorgt wird. Natürlich darf es unter Aufsicht auch beschnuppert werden.

Hier sind die Positionen geklärt, der Kater hat den Hund im Griff.

Labrador Retriever und andere Haustiere

Völlig unproblematisch ist in der Regel das Verhalten eines Labradors anderen Hunden gegenüber, und selbst potenzielle Beutetiere wird ein Labrador in Ihrem Haushalt akzeptieren, wenn Sie das möchten. Ein jagdlich geführter Labi kann durchaus morgens das geschossene Kaninchen apportieren und nachmittags zwischen den Kleintieren der Kinder im Garten herumlaufen, ohne auch nur Interesse dafür zu bekunden. Selbst das Verhältnis zwischen einem Labrador und einer Katze kann sehr harmonisch und liebevoll sein. Auch wenn beide eigentlich unterschiedliche Sprachen sprechen, können sie lernen, einander zu verstehen sich gegenseitig zu akzeptieren und sogar miteinander zu spielen.

Hühner, Schafe, Pferde, Wellensittiche – was auch immer in Ihrem Besitz ist oder sein wird, machen Sie Ihrem Hund klar, dass er diese Tiere zu tolerieren hat. Führen Sie ihn langsam heran, eventuell mit Leine, loben Sie ihn für Wohlverhalten, und verbieten Sie ihm grundsätzlich und ohne Ausnahme, dass er Tiere (auch Vögel!) ohne ausdrücklichen Befehl jagt. Hat Ihr Hund diese Lektion be-

Ihre Freunde sind auch seine Freunde, wo auch immer man sich trifft!

Der Umgang mit Tieren bringt ein Stück Natur zurück in unser hoch technisiertes Leben und hat einen positiven Einfluss auf die Entwicklung des Kindes.

> **Passt ein Labrador zu mir?**
>
> - Sagt mir das Wesen dieses Hundes zu: temperamentvoll, bewegungs- und arbeitsfreudig, verschmust, freundlich auch zu jedem Fremden?
> - Habe ich genug Zeit und auch Freude daran, den Hund ausreichend zu bewegen und mit ihm zu arbeiten?
> - Stört es mich, wenn der Hund schmutzig vom Spaziergang zurückkommt?
> - Bin ich bereit, auch bei schlechtem Wetter längere Spaziergänge zu machen?
> - Lässt meine Wohnsituation Hundehaltung zu?
> - Kann der Hund sich die meiste Zeit des Tages in meiner Nähe aufhalten?
> - Kann häufiges Treppenlaufen umgangen werden?
> - Gibt es in der Nähe ein Gewässer in dem der Labrador gelegentlich schwimmen kann?
> - Schaffe ich es schmachtenden Labradoraugen zu widerstehen und die nötige Futterdisziplin zu wahren?

griffen, werden auch Nachbars Katze und die Enten im Park kein Problem sein.

Die Wahl des richtigen Hundes

Sie haben alles wohl bedacht und beschlossen, dass der Labrador Retriever der richtige Hund für Sie ist. Sicher werden Sie viel Spaß mit ihm haben! Vielleicht haben Sie sich auch schon entschieden, welche Farbe der Hund haben soll, doch die Qual der Wahl ist noch nicht ganz vorbei. Einige Überlegungen sind für den Alltag mit Hund von großer Bedeutung.

Wie viel Power darf es sein?

Machen Sie die Entscheidung, welchen Labrador Sie nun wirklich kaufen, davon abhängig, was Sie später mit dem Hund tun möchten. Wünschen Sie sich einen sehr temperamentvollen und bewegungsfreudigen Hund, der jederzeit zu Spiel und Arbeit aufgelegt ist? Möchten Sie Ihren Hund jagdlich führen, vielleicht gelegentlich an Arbeitsprüfungen teilnehmen? Dann suchen Sie sich einen Züchter, dessen Hunde eher aus Arbeitslinien stammen.

Den etwas ruhigeren Labrador werden Sie eher in den Schaulinien finden, wobei es auch hier Temperamentbündel gibt. Wenn Sie sich vorstellen können, mit Ihrem Hund dann und wann an Ausstellungen teilzunehmen, sind Sie bei einem Züchter, der in dieser Richtung Erfolge aufzuweisen hat, bestimmt an der richtigen Adresse.

Rüde oder Hündin?

Tief in Ihrem Herzen haben Sie sich wahrscheinlich schon festgelegt, für welches Geschlecht Sie sich entscheiden. Vielleicht gibt es in Ihrer Familie aber auch zwei feste Meinungen zu dem Thema, die aber dummerweise nicht übereinstimmen. Ist dies Ihr erster Hund, wird Ihnen manch erfahrener Hundeführer zu einer Hündin raten, da diese grundsätzlich als leichter führig angesehen werden. Meist ist der Unterschied in der Führigkeit zwischen Rüde und Hündin beim Labrador Retriever gar nicht so groß.

Zweimal im Jahr wird die Hündin läufig. Die Hitze dauert drei Wochen, in denen die Hündin individuell in sehr unterschiedlicher Stärke blutet. Falls erforderlich, können Sie ihr ein Schutzhöschen anziehen und so Blutflecken auf dem Teppich vermeiden. Hündinnen sind in dieser Zeit oft etwas sensibler als sonst und haben auch gelegentlich eine eigene Meinung zum Thema Gehorsam. Nicht umsonst spricht man von der läufigen Hündin. Gibt man ihr die Gelegenheit, wird sie sich auf den Weg machen und ihren Beitrag zum Erhalt der Art leisten.

Betrachtet man Rüde und Hündin nebeneinander, so ist der Rüde von imposanterer Erscheinung, da er größer und kräftiger ist. Mehr oder weniger Imponiergehabe, einschließlich häufigeren Markierens, auch an unpassenden Stellen, muss man dafür in Kauf nehmen. Der Rüde ist das ganze Jahr über paarungsbereit und in dicht besiedelten Gebieten ständig dem verlockenden Duft läufiger Hündinnen ausgesetzt. Manche Rüden leiden sehr darunter, jaulen nächtelang, verweigern das Futter oder suchen auf eigene Faust den Weg zu ihrer Angebeteten.

Tipp!
Bei den Geschäftsstellen der Zuchtvereine erhalten Sie Welpenlisten. Darauf stehen Adressen von Züchtern, die zur Zeit Welpen haben oder welche erwarten.

Tipp!
Sind Sie in Ihrem Wohngebiet von lauter Hündinnen umgeben, dann könnte der Kauf eines Rüden mit Stress verbunden sein. Ähnliches gilt umgekehrt.

Welches Alter ist das richtige?

Haben Sie beschlossen, einen Welpen zu kaufen, dann wird der Züchter Ihnen den kleinen Kerl wahrscheinlich mit acht Wochen überlassen. Ihre Aufgabe ist es nun, aufbauend auf den hoffentlich vielen guten Erfahrungen, die der Kleine schon beim Züchter sammeln konnte, die Kontakte zu Menschen und Hunden in den nächsten Wochen zu intensivieren und ihn langsam an alles heranzuführen, womit er in seinem Hundeleben zurechtkommen muss. Die soziale Rangordnung gewinnt dabei zunehmend an Bedeutung.

Die Betreuung und Erziehung eines Welpen kostet viel Zeit und Energie und deshalb kann es in manchen Lebensphasen sinnvoller sein, einen erwachsenen Hund zu wählen, der bereits über eine vernünftige Grunderziehung verfügt. Bei entsprechender Zuwendung fügt sich auch er schnell in die neuen Gegebenheiten ein.

Ein oder zwei Labrador Retriever?

Hunde sind sehr soziale Lebewesen und möchten nicht alleine sein – ein Labrador schon gar nicht. Das heißt natürlich nicht, dass Sie nun eine Meute halten müssen. Die Zugehörigkeit zur menschlichen Ersatzmeute und der regelmäßige Kontakt zu Artgenossen reicht auch.

Beobachtet man spielende Welpen, dann kommt einem schnell die Idee, dass es viel schöner ist, gleich zwei davon zu haben. Das bedeutet doppelte Freude an zwei netten, spielenden Hundebabys, die beide noch stubenrein werden sollen; zwei heranwachsende Schelme, die täglich (und zwar einzeln) ihre Lektionen lernen und üben möchten, für die Sie Futter, Tierarzt, Versicherung und Steuer zahlen müssen, und irgendwann zwei alte Hunde...

Weniger anstrengend als der gleichzeitige Kauf von zwei Welpen ist es, zum wohlerzogenen erwachsenen Hund einen Welpen oder auch einen Hund aus zweiter Hand dazuzunehmen. Probleme sind dabei eher die Ausnahme.

So knuffig, wie die zwei aussehen, fällt die Wahl wirklich schwer! Nehmen Sie vielleicht beide?

Wo gibt es Labrador Retriever?

Schauen Sie in den „Tiermarkt" Ihrer Tageszeitung, dann werden Sie dort Labradorwelpen finden, die weit unter dem Preis zu haben sind, den Sie bei einem VDH-Züchter zahlen. Hier ist jedoch größte Vorsicht geboten! Unterstützen Sie mit Ihrem Kauf nicht die üblen Geschäftemacher, die in großem Stil verantwortungslos vermehren!

Züchter

Der Verband für das Deutsche Hundewesen e. V. (VDH) ist der Dachverband für die Zucht von Rassehunden in Deutschland. Ihm gehören unter anderem der Deutsche Retriever Club e. V. (DRC) und der Labrador Club Deutschland e. V. (LCD) als Zuchtvereine an. Züchter, die in diesen Vereinen engagiert sind, akzeptieren damit Zuchtvorschriften, die dem Schutz und dem Erhalt der Rasse sowie dem Schutz des einzelnen Hundes dienen. Sie müssen einen Nachweis über die nötige Sachkunde erbringen und ihre Würfe werden von ehrenamtlichen Mitarbeitern der Zuchtvereine kontrolliert. Dabei werden zum Beispiel die Haltungsbedingungen, der Zustand der Welpen oder etwaige zuchtausschließende Fehler in einem Protokoll festgehalten. Hat alles seine Richtigkeit, dann erhält der Welpe eine Ahnentafel.

Der seriöse Züchter mag die Hunde, die er züchtet, und sieht sie nicht als Geldquelle. Er ist deshalb bestrebt, die Rasse zu erhalten und in seinen Würfen dem Zuchtziel bezüglich Gesundheit, Wesen, Leistungsfähigkeit und Aussehen möglichst nahe zu kommen. Er schafft Rahmenbedingungen, die den Welpen sowohl physisch wie auch in ihrem Sozialverhalten eine optimale Entwicklung ermöglichen.

Der Secondhand-Labrador

Manchmal verläuft das Leben anders als geplant, und dabei kommt es dann auch vor, dass ein Labrador sein Zuhause verliert. Im günstigeren Fall kann über Züchter oder Zuchtverband oder auch über eine Zeitungsanzeige ein

Optimale Aufzuchtbedingungen und liebevolle Betreuung sind die besten Voraussetzungen für den Start in ein glückliches Hundeleben!

Wichtig!

Früher Kontakt zu vielen Menschen ist äußerst wichtig für die Sozialentwicklung des Welpen. Die Erfahrungen, die er in den ersten Wochen seines Lebens macht, sind entscheidend für sein späteres Verhalten.

Checkliste: Kauf beim Züchter

- Der Züchter kann Ihre Fragen bezüglich der Rasse und der Entwicklung der Welpen kompetent beantworten.
- Er ist Mitglied in einem Verein des VDH.
- Die Hunde, die in seinem Haushalt leben, machen einen gepflegten Eindruck und sind zutraulich und freundlich im Umgang mit Menschen.
- Die Mutterhündin ist anwesend.
- Die Welpen sind so untergebracht, dass sie häufig Kontakt zu Menschen haben, und sie können sich zumindest stundenweise in Haus und Garten bewegen.
- Sie haben Gelegenheit, sich in Ruhe mit der Hündin und ihren Welpen zu beschäftigen.
- Der Züchter berät Sie ausführlich, drängt aber nicht zum Kauf.
- Er stellt Ihnen Fragen um sicherzugehen, dass er einen guten Platz für den Welpen findet.
- Alle Unterlagen bezüglich Herkunft, Untersuchungsergebnissen, Wesenstest und Prüfungen der Elterntiere zeigt er Ihnen gern.
- Der Züchter kennt den einzelnen Welpen gut und wird Sie bei der Auswahl des Hundes beraten oder Ihnen selbst einen aussuchen.
- Die Welpen werden erst mit acht Wochen abgegeben.
- Sie sind mehrfach entwurmt und geimpft.
- Sie erhalten das Protokoll der Wurfabnahme, die Ahnentafel, den Impfpass und einen Kaufvertrag.
- Einen Futterplan und etwas Futter für den Anfang wird man Ihnen ebenfalls mitgeben.
- Auch nach Abgabe der Welpen wird sich der seriöse Züchter noch für „seinen" Labrodor interessieren und Ihnen gerne mit Rat und Tat zur Seite stehen.

passender neuer Besitzer gefunden werden. Ab und an hat so ein Vierbeiner aber das Pech, in einem Tierheim auf seinen neuen Menschen warten zu müssen.

Nun ist der erwachsene Hund natürlich nicht so putzig wie ein Welpe, seine Vorteile jenem gegenüber sind aber nicht von der Hand zu weisen: Er ist stubenrein, hat bereits eine Grunderziehung, nicht mehr so viele Flausen im Kopf, und eventuelle erbliche Erkrankungen konnten bereits festgestellt werden. Ein Nachteil jedoch ist, dass Informationen über die Entwicklung des Hundes, über Ereignisse, die vielleicht sein Verhalten beeinflusst haben, nicht immer in Erfahrung zu bringen sind. Bei einigen Hunden gilt es, das Vertrauen neu aufzubauen oder unerwünschtes Verhalten zu korrigieren. Das kann insbesondere in einem Haushalt mit jüngeren Kindern auch problematisch sein. Ob Ihre Familiensituation es erlaubt und ob Sie sich zutrauen, einem „gebrauchten" Labrador ein neues und dauerhaftes Heim zu geben, können nur Sie selbst entscheiden.

Tipp!
Die Haltung von zwei Hunden ersetzt nicht den Kontakt zu anderen Artgenossen. Auch sollten die Hunde gelegentlich einzeln geführt werden.

Die Auswahl des Hundes

Viele Entscheidungen haben Sie bereits getroffen, und nun kommt die spannendste: die Auswahl IHRES Hundes.

Haben Sie sich für den Kauf eines Welpen und auch schon für einen Züchter entschieden, dann empfiehlt es sich, ihn und seinen Wurf mehrfach zu besuchen. Ein guter Züchter freut sich über Ihr Interesse.

Beobachten Sie in Ruhe Welpen und Mutterhündin. Überlegen Sie, ob das Verhalten der Hündin Ihren Vorstellungen vom Wesen eines Labrador Retrievers entspricht, denn nicht nur die Erbanlagen gibt die Hündin an ihre Welpen weiter, sie prägt auch durch ihr Vorbild deren Verhalten. Hündin und Welpen sollten fröhlich, zutraulich und neugierig sein, sich für alles interessieren, was um sie herum geschieht. Ängstlichkeit, Scheue oder ausgeprägte Schreckhaftigkeit sind untypische Eigenschaften für einen Labradorwelpen.

Befinden Sie sich am Anfang Ihrer Hundeführerkarriere, dann wählen Sie nicht unbedingt den auffälligsten Raufbold der kleinen Meute. Das Sensibelchen aus dem Wurf muss es auch nicht unbedingt sein. Ein fröhlicher Welpe mit gesundem Selbstbewusstsein, der beim Raufen mal Sieger, mal Besiegter ist, wird leichter zu führen sein. Möchten Sie mit Ihrem Hund arbeiten, dann ist auch die Apportierfreudigkeit der kleinen Kerlchen ein wichtiges Auswahlkriterium.

Suchen Sie einen erwachsenen Labrador, so ist meist die erste Begegnung entscheidend. Aber auch bei Liebe auf den ersten Blick sollte der Verstand mitspielen. Informieren Sie sich gut, denn das neue Zuhause darf nicht wieder eines auf Zeit sein.

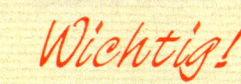

Misstrauen ist angebracht, wenn von ein und demselben Züchter gleich mehrere Rassen angeboten werden! Die Gefahr, dass Sie einem Hundehändler auf den Leim gehen, ist groß!

Beobachten Sie die Bande gut, bevor Sie sich entscheiden.

Haltung, Pflege und Erziehung

Gut geplant ist halb erzogen! Sie sind gut informiert, haben sich bewusst für einen Labrador Retriever entschieden und haben konkrete Vorstellungen vom Leben mit diesem Hund. Herzlichen Glückwunsch! So werden Sie sicher ein traumhaftes Team!

Ein Labrador kommt ins Haus

Während Ihr kleiner Freund bei Mama und Geschwistern noch Kräfte sammelt, um Ihren Alltag und Ihr Haus neu zu gestalten, können Sie noch letzte Vorbereitungen treffen.

Wichtige Überlegungen vorher

Damit die ersten kleinen Katastrophen nicht schon vorprogrammiert sind, begeben Sie sich doch einmal auf die Ebene, von der aus Ihr neuer Freund seine Umgebung demnächst sieht. Was könnte interessant sein? Wo lauern Gefahren? Eine kleine Hilfe dabei ist die Checkliste für Gefahrenquellen (siehe Seite 28).

Bei der Erstausstattung für Ihren Hund sollte Zweckmäßigkeit wichtigstes Auswahlkriterium sein.

Junge Hunde sind sehr neugierig und haben viel Energie. Sie erkunden aufmerksam ihre Umgebung und unterziehen viele Gegenstände ausgiebigen „Materialtests". Die Devise heißt: beobachten und verhindern! Damit der Stress nicht zu groß wird, ist es sinnvoll, besonders wertvolle oder empfindliche Teile vorübergehend in Sicherheit zu bringen oder dem

Welpen zunächst den Zugang zu bestimmten Räumen, zum Beispiel mit Hilfe eines Kindergitters, zu verwehren.

Denken Sie daran, dass Sie einen Apportierhund haben: Alles, was nicht niet- und nagelfest ist, wird er mit Begeisterung herumtragen. Diese Tatsache bewegt selbst Kinder gelegentlich dazu, ihre Spiel- oder Schulsachen wegzuräumen.

„Genau wie du brauche ich meinen Schlaf. Bitte störe mich nicht! Wir können später wieder spielen!"

Ruhephasen sind nicht nur für Welpen wichtig. Jeder Hund benötigt einen Platz, auf den er sich zurückziehen und schlafen kann. Dieser muss zugfrei sein, die Umgebung sollte weder Kälte noch besondere Wärme ausstrahlen. Befinden sich Decke oder Korb zu weit außerhalb des Alltagsgeschehens, dann macht Ihr Labrador wahrscheinlich wenig Gebrauch davon – er möchte nämlich gern in Ihrer Nähe sein.

Noch etwas gibt es, was immer erreichbar sein sollte: der Wassernapf. Hier kann es gelegentlich kleine Überschwemmungen geben. Wählen Sie also einen Standort, der unempfindlich ist und wo niemand ausrutschen kann.

Ausstattung

Wenn Sie sich im Fachgeschäft einmal umschauen, dann werden Sie neben den sinnvollen Dingen viele unnütze finden. Vorschläge für eine zweckmäßige Erstausstattung finden Sie in der nebenstehenden Checkliste. Solange ein Welpe noch das Bedürfnis hat, Dinge zu zernagen, ist zu überlegen, ob man anstelle eines Korbes zunächst einen großen, stabilen, entsprechend zurechtgeschnittenen Pappkarton verwendet.

Das Abholen des Hundes

Aufregend und neu ist die Situation für den Hund, egal ob Welpe oder erwachsener Labi, wenn es für ihn in sein neues Zuhause geht. Er wird aus der gewohnten Umge-

Grundausstattung

- je ein Futter- und Wassernapf
- Halsband und Leine aus weichem Leder oder Nylon
- Korb und spezielle Hundedecke (kochfest)
- zweiseitige Bürste (weiche Borsten und Drahtborsten)
- Flohkamm
- Zeckenzange
- Spielzeug
- Dummy (Welpendummy)

Neugierig und tatendurstig! Der Welpe kommt ins Haus.

So tragen Sie Ihren Welpen richtig: Eine Hand hält ihn unter der Brust und die andere stützt das Hinterteil.

bung herausgerissen, von den vertrauten Menschen und Hunden getrennt. Ideal ist es, wenn er Sie durch vorherige Besuche bereits kennt. Lassen Sie bei einem dieser Besuche ein Tuch oder T-Shirt, welches Ihren Geruch trägt, zurück. Bis Sie den Welpen abholen, hat es „Stallgeruch" und kann dann als ein Stück gewohnte Umgebung mitgenommen werden.

Nehmen Sie sich Zeit und fahren Sie am besten zu zweit. Damit der Kleine nicht bei der ersten Autofahrt spuckt, gibt der Züchter ihm vorher nichts oder nur wenig zu fressen. Lassen Sie Ihren kleinen Freund mit den Geschwistern spielen, bis er müde ist. Mit etwas Glück könnte er die Autofahrt dann sogar auf Ihrem Schoß verschlafen. Wird er trotzdem unruhig, versuchen Sie ihn vor den Beifahrersitz zu setzen. Dort unten ist er weniger Reizen ausgesetzt.

Halsband und Leine muss der Welpe bei dieser Fahrt unbedingt tragen. Bei Aufenthalten darf er keine Chance haben, eventuell aus Angst davonzulaufen. Dauert die Fahrt länger, denken Sie an frisches Wasser und daran, dass ein Welpe relativ häufig sein Geschäft verrichten muss.

Die ersten Tage und Nächte

Endlich! Lange haben Sie sich auf den neuen Mitbewohner gefreut, nun zieht er ein. Doch bevor er ins Haus darf, zeigen Sie ihm, wo er sein Geschäft machen, „sich lösen" darf. So ist der erste „Unfall" bereits verhindert.

Ganz in Ruhe und ohne von seinen neuen Menschen bedrängt zu werden, darf der Hund nun sein Zuhause erkunden. Beobachten Sie ihn und verhindern Sie von Anfang an alles, was der Welpe nicht tun darf. In dem Moment, in dem er beginnt etwas falsch zu machen, sagen Sie „Nein" oder „Pfui". Sind Sie nicht böse auf den Hund, wenn etwas schief geht, er muss erst lernen, was von ihm erwartet wird. Die Verantwortung für das Geschehen hat immer der Mensch!

Dieser erste aufregende Tag neigt sich irgendwann dem Ende zu. Sie und Ihr kleiner Hund sind rechtschaffen müde. Die Frage, wie und wo der Welpe die ersten Nächte verbringen soll, stellt sich gar nicht, wenn man Folgendes bedenkt: Das Verhalten unserer Hunde ist dem der Wölfe in wesentlichen Teilen sehr ähnlich. Wölfe leben in einer Gemeinschaft mit engen sozialen Kontakten. Verliert ein Welpe aufgrund widriger Umstände den Anschluss an seine Truppe, ist er plötzlich allein, dann bedeutet das für ihn Todesgefahr. In seiner Angst wird er schreien und so auf sich aufmerksam machen, er wird in Panik sein Rudel suchen, denn allein kann er nicht überleben.

Er will Sie also nicht ärgern, wenn er allein gelassen keine Ruhe gibt, er braucht Ihre Nähe. Stellen Sie doch einfach seinen Korb neben Ihr Bett, legen Sie das Tuch mit „Stallgeruch" hinein, eventuell noch eine Wärmflasche (als Ersatz für die Körperwärme der anderen Hunde), lassen Sie Ihre Hand zu ihm hinunterhängen und Ihr kleiner Hund wird schlafen. Sollte der Welpe nachts wach werden, ist Handeln angesagt, denn er muss raus. Während er sich löst, geben Sie ein Kommando, zum Beispiel „Mach schnell", „lösen" oder was auch immer. Dann loben Sie ihn überschwenglich und alle Beteiligten gehen wieder schlafen. Lassen Sie sich nicht auf nächtliche Spielstunden ein.

Lange Spaziergänge darf der kleine Hund noch nicht machen, trotzdem sollten Sie mit ihm langsam aber stetig die Umgebung erkunden. Schirmen Sie ihn nicht ab von der Umwelt, sondern nehmen Sie ihn von Anfang an mög-

„Verzeih, wenn ich beim Spielen manchmal zu grob bin. Ich muss erst lernen, dass die Haut des Menschen weniger aushält als das Fell eines Hundes."

Wichtig!

Das Wort „Aus" bedeutet immer: etwas hergeben. Verwenden Sie es nicht zusätzlich, um dem Hund das Unterlassen einer anderen Handlung anzuzeigen.

Dicht aneinander gekuschelt kann man ruhig schlafen.

Schritt für Schritt erobert er seine Welt.

lichst überall mit hin. Ermöglichen Sie ihm, viele neue und positive Erfahrungen zu machen. Führen Sie ihn kontinuierlich an alles heran, womit er in seinem Hundeleben zurechtkommen muss. Signalisieren Sie durch Ihre Sicherheit, dass alles in Ordnung ist.

Stubenreinheit

Ein Hund ist stets bemüht, seinen engeren Heimbezirk sauber zu halten. Dieses Bestreben beginnt beim Welpen zunächst am Schlafplatz und wird immer weiter ausgedehnt. Viele Hunde weigern sich konsequent den eigenen Garten zu beschmutzen. Nun muss unser kleiner Labrador zunächst einmal lernen, sein neues Heim als eben solches anzusehen; dann muss er herausfinden, wie er zu dem Platz gelangt, an dem er sich lösen kann. Aller Anfang ist schwer und es ist an Ihnen, den Welpen zu beobachten, zu bemerken, wenn er unruhig wird, am Boden schnuppert, sich suchend im Kreis dreht. Bringen Sie ihn dann schnell hinaus, warten Sie, bis er etwas macht, und loben Sie ihn ausgiebig dafür!

Geht trotzdem einmal etwas ins Haus, dann putzen Sie es kommentarlos weg. Am besten benutzen Sie ein Desinfektionsmittel oder Essig, um den Geruch auch für die Hundenase nachhaltig zu beseitigen. Schimpfen Sie nicht mit dem kleinen Hund, denn es war Ihr Fehler, Sie haben nicht aufgepasst! Ihr Schimpfen könnte zudem die fatale Folge haben, dass Ihr Hundebaby sich für die Sache an sich bestraft fühlt und sich nur noch dort lösen will, wo Sie es nicht erreichen können, und schlimmstenfalls versucht, Harn und Kot zu verhalten.

Gefahrenquellen in Haus und Garten

Damit das neue Heim hundesicher ist, sollten Sie Folgendes überprüfen:
- Kabel und ungesicherte Steckdosen
- steile Treppen, insbesondere mit Zwischenräumen
- zugängliche Reinigungsmittel, Chemikalien oder Medikamente
- giftige oder stachelige Pflanzen
- erreichbare Kleinteile, die verschluckt werden können
- Schlupflöcher im Zaun oder im Balkongitter
- offene Schächte oder Swimmingpools

Tipp!

Schirmen Sie den Welpen nicht von der Umwelt ab, sondern nehmen Sie ihn möglichst überall mit hin. Ein Babytragetuch kann hier hilfreich sein.

Die richtige Ernährung

Der Urahn Wolf ist ein Fleisch- und Allesfresser. Er verschlingt seine Beute mit allem, was dazugehört: Muskelfleisch, Fell, Knochen, Innereien, Blut, zum Teil pflanzlicher, vorverdauter Inhalt von Magen und Darm; hinzu kommen Früchte, Gräser und Wurzeln. Über dieses Nahrungsspektrum erhält er alle Nähr- und Ballaststoffe, alle Vitamine, Mineralstoffe und Spurenelemente, die er benötigt.

Über Jahrtausende wurde der Hund als Begleiter des Menschen von Abfällen und Essensresten ernährt, heute steht eine breite Palette ausgeklügelter Fertigfutter bereit, über deren Wert für die Ernährung des Hundes es in Fachkreisen durchaus unterschiedliche Meinungen gibt. Sicher ist es nicht sinnvoll, einen Hund grundsätzlich mit Essensresten des Menschen zu ernähren, ob die ausschließliche Fütterung hochwertiger Fertigfutter der Weisheit letzter Schluss ist, ist fraglich. Vielleicht sprechen Sie einmal mit Ihrem Tierarzt darüber.

„Es ist besser für mich, wenn du mir nichts von deinem Essen abgibst. Fresse ich zu viel, werde ich dick und krank."

Die Ernährung des Welpen und Junghundes

Das Leben des kleinen Hundes haben wir bereits komplett umgekrempelt, lassen wir ihm doch wenigstens seine Futtergewohnheiten! Ihr Züchter hat Ihnen vermutlich einen detaillierten Futterplan und etwas Futter für den Anfang mitgegeben. Es ist sinnvoll, das gewohnte Futter zumindest für eine Zeit beizubehalten, eine Futterumstellung nur schrittweise durchzuführen. So vermeiden Sie Verdauungsstörungen, die das Wohlbefinden Ihres Labis beeinträchtigen. Die von Ihnen gegebene Menge ist dann richtig, wenn Ihr kleiner Labi Sie nach dem Fressen anschaut, als habe er mindestens das Doppelte erwartet. Nach einer kurzen Aktivphase wird er sich bald für ein Verdauungsschläfchen zurückziehen.

Ganz brav und ruhig sehen diese beiden aus, doch seien Sie sicher, sie haben viele „gute Ideen"!

Wichtig!

Das nahrhafte Welpenfutter sollte nicht zu lange gegeben werden. Besprechen Sie mit Ihrem Tierarzt, wann für Ihren Hund der richtige Zeitpunkt für eine Futterumstellung gekommen ist.

Bedenken Sie bei der Fütterung des jungen Hundes, dass seine Bedürfnisse andere sind, als die des erwachsenen Tieres. Die Futtermittelindustrie bietet spezielle Fertigfutter an, die auf den Bedarf des Welpen und Junghundes ausgerichtet sind. Es ist darin alles enthalten, was der Hund braucht. Die zusätzliche Gabe von Vitaminen und Mineralstoffen ist schädlich für die Entwicklung des Hundes. Mit Quark, Jogurt und Obst kann in den Speiseplan etwas Abwechslung gebracht werden.

Welches Futter für erwachsene Hunde?

In Bezug auf die Ernährung Ihres Labradors spielt es eine große Rolle, wie stark er täglich gefordert wird. Im Fachhandel steht eine Vielzahl breitgefächerter Fertigfutter bereit, die eine individuell auf den Bedarf des einzelnen Hundes abgestimmte Ernährung ermöglichen. Sie finden hier Futter mit mehr oder weniger Eiweiß und Fett, je nach Aktivität des Hundes, Diätfutter für übergewichtige oder allergische Hunde oder auch Spezialfutter für den betagten Vierbeiner.

Individuell sollten Sie vor allen Dingen die Futtermenge gestalten! Die Angaben auf den Packungen sind Durchschnittswerte und für die meisten Hunde viel zu hoch gegriffen. Beginnen Sie schlicht mit der Hälfte der angegebenen Futtermenge, steigern können Sie immer noch, wenn es nötig ist.

Fertigfutter

Die meisten der angebotenen Fertigfutter sind Alleinfutter. In ihnen ist alles enthalten, was der Hund für seine Ernährung braucht. Sie erhalten es sowohl als Trocken- als auch als Dosenfutter. Während dem Trockenfutter das Wasser weitgehend entzogen ist, enthält die Dosennahrung 70 bis 80 % davon. Trockenfutter kann sowohl in aufgeweichter wie in harter, trockener Form gegeben werden. Das Kauen harten Futters ist für die Zähne durchaus von Vorteil.

Magendrehung

Eine heftige Bewegung des Hundes nach üppiger Mahlzeit kann zur Folge haben, dass sich der Magen um seine eigene Achse dreht und somit Eingang und Ausgang verschlossen sind und zudem wichtige Blutgefäße blockiert werden. Der Bauch bläht stark auf, es tritt ein Schock ein. Nur bei sofortiger Behandlung durch den Tierarzt kann der Hund gerettet werden.

Ebenso in feuchter oder trockener Form können Sie reines Fleischfutter kaufen, dem dann noch Kohlehydrate zum Beispiel in Form von Hundeflocken oder Reis, gegebenenfalls auch Vitamine und Mineralstoffe beigemischt werden müssen (Inhaltsstoffe beachten!).

Futter selbst gemacht

Es würde den Rahmen dieses Ratgebers sprengen, an dieser Stelle zu erklären, wie die Nahrung Ihres Hundes unter welchen Bedingungen zusammengesetzt sein soll.

Fleisch, Flocken, Gemüse, Fette, zusätzliche Vitamine und Mineralstoffe, alles will gut bedacht und richtig bemessen sein. Auch zu der Frage, ob Fleisch roh oder gekocht gegeben werden soll, gibt es unterschiedliche Meinungen. Möchten Sie das Futter selbst zubereiten, dann lassen Sie sich vom Tierarzt die für Ihren Hund richtige Zusammensetzung berechnen.

Was Sie definitiv niemals füttern dürfen, ist rohes Schweinefleisch. Eine tödlich verlaufende Virusinfektion, die Aujetzkysche Krankheit, kann durch Schweinefleisch übertragen werden. Mit ähnlichen Symptomen wie bei Tollwut verendet der Hund qualvoll.

Ach du dicker Hund

Labrador Retriever sind im Allgemeinen sehr gute Futterverwerter und haben eigentlich immer Hunger. Wer kann schon den treuen Augen, dem leidenden Blick widerstehen, mit dem Ihr Labrador Ihnen suggeriert, dass er vor circa 14 Tagen zuletzt gefressen hat? Sicher bekommen Ihre Kinder nicht alle Süßigkeiten, die sie haben möchten. Sie lieben sie und möchten, dass sie gesund bleiben. Mögen Sie Ihren Hund? Dann können Sie widerstehen. Ein dicker Labrador ist kein schöner Labrador und gesund ist das Übergewicht weder für die Gelenke noch für den sonstigen Organismus.

Können Sie diesen Augen widerstehen?

Tipp!
Geben Sie täglich einen Schuss Distelöl ins Futter. Das ist gut für die Haut und sorgt für ein glänzendes Fell.

Bleiben Sie konsequent bei der vorgesehenen Futterration! Legen Sie bei Bedarf einen Hungertag pro Woche für den erwachsenen Hund ein (Äpfel und Möhren sind erlaubt). Zwei kleinere Mahlzeiten am Tag sind für viele Hunde sinnvoller als eine große. Es ist wesentlich leichter, den Hund auf einem vernünftigen Gewicht zu halten, als ihn abspecken zu lassen. Kalorienreduzierte Futter können hier hilfreich sein.

Kleine Zwischenmahlzeit

Die kleinen Belohnungen, die Ihr Labi zwischendurch bekommt, entnehmen Sie schlicht seiner normalen Trockenfutterration. Die getrocknete Scheibe Vollkornbrot mag ein Labi ebenso gerne wie die teuren Hundekekse in Häschenform. Sinnvolle zusätzliche Futtergaben sind zum Beispiel Ochsenziemer, Möhren, Äpfel oder Büffelhautknochen. Diese sind kalorienarm und gut fürs Gebiss. Auch getrocknete Fleisch- oder Pansenstücke kann man gelegentlich geben. Achten Sie darauf, dass die Fütterung in einer Hand bleibt und nicht jedes Familienmitglied ohne Absprache eine „kleine" Zwischenmahlzeit verabreicht.

Vielleicht träumt ja jeder Labi davon, einmal über Nacht in einem Hundefuttergeschäft eingeschlossen zu werden.

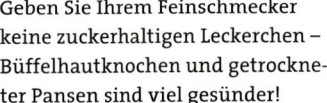

Geben Sie Ihrem Feinschmecker keine zuckerhaltigen Leckerchen – Büffelhautknochen und getrockneter Pansen sind viel gesünder!

Die richtige Pflege
Labradorpflege von A–Z

Sehr anspruchsvoll ist der Labrador Retriever bestimmt nicht, was die Pflege angeht. Auch wenn er nach einem Spaziergang oft eher einem Wildschwein als einem Hund ähnelt. Ein schmutziger Labi ist ein glücklicher Labi.

Die Augen
Ein weißes Sekret, was sich gelegentlich, insbesondere über Nacht im Augenwinkel sammelt, entfernen Sie, von außen nach innen wischend, mit einem feuchten Tuch, das nicht flust. Gelber, eitriger Ausfluss bedarf tierärztlicher Behandlung. Ist das Auge leicht gerötet, helfen oft homöopathische Augentropfen aus der Apotheke.

Das Fell
Zum Glück ist das Fell des Labradors leicht zu reinigen. Wischen Sie mit einem Tuch den Schmutz ab oder schicken Sie ihn nach dem Spaziergang auf seinen Platz, bis er getrocknet ist. Der Schmutz fällt dabei größtenteils ab und Sie können einfach die Decke ausschütteln, Reste im Fell lassen sich leicht ausbürsten. Gelegentliches Bürsten reicht im Allgemeinen aus.

Während des Fellwechsels (zweimal im Jahr) muss dies natürlich intensiver geschehen. Ein Labrador haart dann

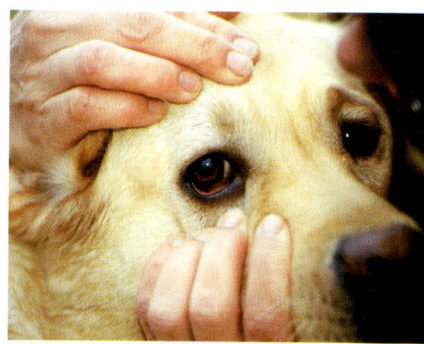

Müssen die Augen des Hundes behandelt werden, ziehen Sie vorsichtig das Unterlid nach unten und geben die Tropfen in den so entstandenen Spalt.

Wie oft füttern?

Bis zum vierten Lebensmonat viermal täglich, danach dreimal am Tag füttern. Mit sechs Monaten kann auf zwei Mahlzeiten umgestellt werden. Diese Regelung können Sie dauerhaft beibehalten oder nach einem Jahr auf eine Mahlzeit reduzieren.

Ein schmutziger Labrador ist ein glücklicher Labrador!

Gesundheitscheckliste

für den Welpenkauf:
- Verhalten: lebhaft, neugierig, zutraulich und freundlich.
- Fell: dicht und gepflegt, ohne kahle Stellen, kein Ungeziefer.
- Augen: glänzend und klar, ohne Ausfluss.
- Ohren: sauber, kein Schmutz im Gehörgang.
- Gebiss: regelmäßig gestellte Milchzähne, die scherenartig ineinander greifen.
- After: sauber und nicht verklebt.
- Ernährungszustand: wohlgenährt, aber weder dick noch mager.

Es ist ratsam, die Ohren des Hundes alle paar Tage zu kontrollieren.

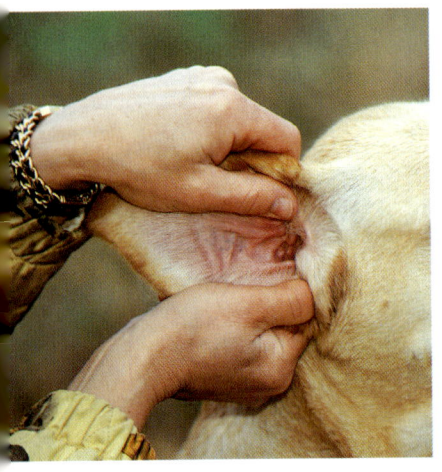

sehr stark, was Sie durch häufiges Bürsten meist auf wenige Tage beschränken können. Eine doppelseitige Bürste – eine Seite weiche Borsten, die andere Seite angewinkelte Drahtborsten – ist dann hilfreich. Die dichte Unterwolle lässt sich mit den Drahtborsten gut herausbürsten.

Ist Ihr Hund sehr schmutzig und der See, in dem er baden könnte, gerade nicht in der Nähe, dann waschen oder duschen Sie ihn mit klarem, lauwarmem Wasser ab und trocknen ihn anschließend. Shampoo, auch spezielles Hundeshampoo, benutzen Sie bitte im Normalfall nie (höchstens wenn sich Ihr Hund in verwestem Fisch gewälzt hat und Sie beide das Wochenende bei der Erbtante verbringen)! Die Wasser abstoßende Fettschicht der Unterwolle wird dadurch zerstört und Ihr Hund wird beim nächsten Regen nass bis auf die Haut.

Die Ohren

Wenn Sie Ihren Hund streicheln oder bürsten, schauen Sie dabei einfach gelegentlich in die Ohren. Leichte Verschmutzungen der Ohrmuschel können Sie mit einem feuchten Tuch säubern. Bitte reinigen Sie die Gehörgänge des Hundes nicht mit Wattestäbchen. Die Gefahr, das Trommelfell zu verletzen, ist zu groß. Starke Verschmutzungen im Ohr, unangenehmer Geruch oder häufiges Kopfschütteln Ihres Labis deuten auf eine Ohrenentzündung hin, die vom Tierarzt behandelt werden muss.

Pfoten und Krallen

Auch hier gilt: gelegentlich anschauen und auf Verletzungen achten. Es ist nicht sinnvoll, die Ballen regelmäßig einzufetten, sie werden dadurch zu weich und empfindlich. In Wintern, in denen viel Salz gestreut wird, können die Ballen gelegentlich durch Vaseline oder Melkfett geschützt und nach dem Spaziergang mit warmem Wasser abgespült werden. Die Krallen nutzen sich bei normaler Bewegung des Hundes von selbst ab. Haben Sie den Eindruck, dass sie einmal zu lang sind – hört man sie vielleicht beim Laufen –, so lassen Sie sie vom Tierarzt schneiden. Ist diese

Korrektur öfter nötig, dann bitten Sie ihn, Ihnen genau zu zeigen, wie Sie die Krallen selbst schneiden, ohne die darin liegenden Blutadern zu verletzen.

Die Zähne

Zähne und Zahnfleisch betrachten Sie gelegentlich genauer um eventuelle Verletzungen rechtzeitig zu erkennen. Manche Hunde neigen zu starker Zahnsteinbildung und müssen die Zähne geputzt bekommen. Ihr Tierarzt wird Sie in diesem Fall sicher darauf aufmerksam machen. Normalerweise ist es für die Zahnpflege ausreichend, wenn Ihr Labrador regelmäßig hartes Futter oder Büffelhautknochen kaut.

Auch während des Zahnwechsels Ihres Welpen mit circa vier bis sechs Monaten ist es sinnvoll, das Gebiss des öfteren zu kontrollieren. Es könnte sein, dass ein Milchzahn vom bleibenden Zahn nicht hinausgedrängt wird und entfernt werden muss.

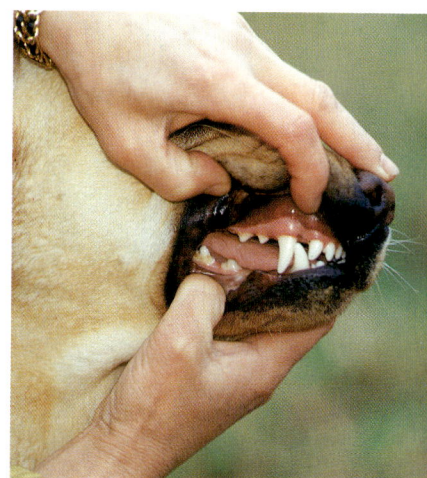

Gewöhnen Sie den Hund von Anfang an daran, dass Sie ihn überall anfassen dürfen. Das erleichtert im Notfall die Behandlung.

Erziehung

„Ist der aber gut erzogen!" Welches Hundebesitzerherz schlägt nicht einen Takt schneller bei solch einem Lob! Erziehung hat nichts mit Willen brechen und Gewalt zu tun. Sie dient dazu, die Beziehung zwischen Mensch und Hund zu organisieren. Kein Hund hat so viel Freiheit, wie der, der zuverlässig gehorcht!

Auch im Rudel wird erzogen

Dass das Leben hart und gewissen Regeln unterworfen ist, lernt der kleine Welpe im Rudel recht bald. Zwar hat er noch viel Narrenfreiheit, doch trainiert seine Mutter stetig mit ihm alle Verhaltensweisen, die für das Zusammenleben in der Gruppe erforderlich sind. Ist der Welpe zu aufdringlich, respektiert er nicht die vom erwachsenen Hund gewünschte Distanz, so wird er energisch zurechtgewiesen. Das Überleben der Hundegemein-

Das Anstupsen und Lecken der Lefzen bedeutet zunächst Futterbetteln. Später ist es eine freundliche Unterwerfungsgeste, die der Hund auch dem Menschen gegenüber zeigt.

> **Wichtig!**
> Lassen Sie Ihren Welpen überall dort, wo er sich nicht in Gefahr bringen kann, frei laufen. Er wird Ihnen nicht davonlaufen, denn Sie sind sein Rudel.

schaft in freier Wildbahn hängt davon ab, dass die Zusammenarbeit funktioniert. Das heißt, von Natur aus ist das Verhalten des Hundes auf kooperatives Leben in der Gemeinschaft angelegt. Beim Labrador sollte dieser Wille zur Zusammenarbeit besonders ausgeprägt sein. Nutzen wir diese Anlagen!

Was jeder Hund können sollte

Es erleichtert das Leben mit Hund ungemein, wenn unser vierbeiniger Freund alle Alltagssituationen selbstverständlich mit uns meistert. Dazu ist es erforderlich, dass er einige Kommandos zu beherrschen lernt, damit die Kommunikation klappt. Im Rahmen dieses Büchleins können selbstverständlich nur die wichtigsten Tipps in kurzer Form gegeben werden. Hinweise auf geeignete Literatur finden Sie aber im Anhang.

Gewöhnung an den Namen und Herankommen

Arbeiten Sie mit Ihrer Stimme und nehmen Sie die Hunde als Vorbild: Hohe Stimmlagen bedeuten freundliche Grundstimmung, tiefe Stimmlagen Warnung und Drohung. Schaut Ihr Welpe Sie an und ist gerade nicht von anderen Dingen abgelenkt, dann gehen Sie spontan in die Hocke, breiten freudig die Arme aus und säuseln dem kleinen Labi ein begeistertes „Peggy, hiiiiier!" entgegen. Klatschen Sie notfalls noch in die Hände um sich interessant zu machen oder laufen schnell ein Stück davon. Kommt „Peggy" dann, wird sie freudig gelobt und gestreichelt. Ein Leckerchen, das sofort (!) gegeben wird, bestätigt dem kleinen Vielfraß, dass es das Wichtigste auf der Welt ist, zu seinem Boss zu kommen.

Er muss das Herankommen immer mit etwas Positivem verbinden. Rufen Sie ihn nicht, wenn Sie ohnehin keine Chance haben, dass er kommt. Warten Sie auf einen günstigeren Augenblick oder gehen Sie hin und holen den Welpen. Die ganze Welt ist furchtbar interessant für einen kleinen Labrador. Wollen Sie seine Aufmerksamkeit, müssen Sie noch interessanter sein.

Sind Sie der Boss?

Viele kleine Gesten im Alltag, die vom Menschen nett gemeint sind, kommen beim Hund völlig anders an als geplant, da sein Sozialverhalten anderen Regeln unterliegt als unseres. Richtige Signale erleichtern das Miteinander!

- Der Boss bestimmt das Geschehen, z.B. wann gespielt, geschmust oder gefressen wird. Gehen Sie nicht ständig auf die Aufforderungen Ihres Hundes ein.
- Lassen Sie es nicht zu, dass der Hund sich auf die gleiche Ebene begibt wie Sie und Ihre Kinder. Betten und Sessel sind den ranghöheren Rudelmitgliedern, dem Menschen, vorbehalten.
- Wer aus dem Weg geht ist der Schwächere. Überlegen Sie also, ob Sie brav über Ihren Hund klettern oder um ihn herum laufen, wenn er wieder mitten im Weg liegt.
- Verlassen Sie mit Hund das Haus oder kommen vom Spaziergang zurück, so geht der Boss zuerst durch die Tür!
- Richtung und Tempo des Spaziergangs bestimmt der, der das Sagen hat, ebenso, ob unterwegs jemand begrüßt oder angebellt wird.
- Ihr Partner kommt nach Hause und begrüßt zunächst den Hund, dann Sie und die Kinder. Streichen Sie seine Streicheleinheiten, er hat Sie nämlich gerade in der Rangordnung hinter den Hund gesetzt!
- Der Boss kann sich das Recht nehmen, zuerst zu fressen. Füttern Sie also nach Ihren Mahlzeiten oder völlig unabhängig davon.

Seien Sie der Boss! Bestimmen Sie ruhig und mit liebevoller Konsequenz das Geschehen!

Gewöhnung an Halsband und Leine

Legen Sie dem kleinen Labi das Halsband an, streicheln und füttern Sie ihn, spielen Sie mit ihm. Befestigen Sie später die Leine am Halsband, halten Sie locker das Ende fest und locken den Racker spielerisch mit sich mit. Benutzen Sie dazu Spielzeug und Futter.
Üben Sie zunächst in gewohnter Umgebung.

Im nächsten Schritt versuchen Sie, mit dem Hund eine kleine Strecke zu gehen, indem Sie Ihr Bröckchen genau an der Stelle neben sich (weder vor Ihren Füßen noch

Loben Sie Ihren Hund immer, wenn er kommt, auch wenn er Sie vorher etwas an der Nase herumgeführt hat!

Wichtig!
Verbinden Sie Ihre Kommandos immer mit klaren Handzeichen, das fördert die Verständigung, auch auf große Entfernungen.

hinter sich) halten, wo der Hund gehen soll. Locken Sie den kleinen Hund mit sich mit, belohnen Sie ihn, wenn es ansatzweise klappt. Ihre Leine hängt bei dieser Übung durch und es wird nicht unnötig daran gezerrt. Geht er neben Ihnen, geben Sie das Hörzeichen „Fuß". Versucht er sich zu entziehen oder zieht er heftig an der Leine, bleiben Sie einfach stehen, locken ihn und versuchen es noch einmal.

„Sitz"

In Kürze zwei Möglichkeiten: Ihr Labrador setzt sich zufällig von alleine hin, Sie sagen „Sitz!" und loben ihn.

Ihr Labi steht vor Ihnen, Sie halten den erhobenen Zeigefinger über seinen Kopf, wobei Sie zwischen Daumen und Mittelfinger noch ein Leckerchen halten. Der Kleine schaut hoch und setzt sich dabei automatisch hin. In diesem Moment ertönt Ihr „Sitz!". Er wird gelobt und mit dem Bröckchen belohnt.

Scheuen Sie sich nicht, mit Futter zu arbeiten! Anfangs himmelt Ihr Labrador das Leckerchen an, später Sie.

„Bleib"

Das Kommando „Bleib!" üben Sie zunächst, wenn der Hund vor Ihnen sitzt. Sie halten ihm die Handfläche entgegen und sagen „Bleib" oder „Sitz und Bleib". Anfangs dauert diese Übung nur wenige Sekunden. Loben Sie ausgiebig und beenden die Übung mit dem Wort „Lauf" oder „Frei". Schafft Ihr Hund es, einen Moment sitzenzubleiben, dann gehen Sie unter Beibehaltung des Handzeichens ein oder zwei Schritte rückwärts, kommen zurück, loben und beenden die Übung. So arbeiten Sie sich langsam Meter für Meter vor, bis der Hund eine lange Distanz und auch das Außer-Sicht-Gehen ertragen kann. Steht Ihr Labrador ohne Befehl auf, dann bekommt er ein klares „Nein" zu hören, und Sie setzen ihn an die gleiche Stelle zurück, um die Übung dann mit einer kürzeren Distanz zu wiederholen.

„Platz"

Dieses Kommando ist die Lebensversicherung für Ihren Hund! Wird es tatsächlich beherrscht, lässt der Hund sich auch auf Distanz und unter Ablenkung ablegen, so können Sie ihn vor vielen Gefahrensituationen bewahren.

Haltung, Pflege und Erziehung

Üben Sie das Kommando „Platz!", bis es immer und überall sofort klappt.

Tadel, den der Hund versteht

Haben Sie je einen Hund einen anderen schlagen sehen? Natürlich nicht, Hunde agieren anders – und Sie sollten es auch:
- Ignorieren Sie ihn.
- Arbeiten Sie mit Ihrer Stimme.
- Greifen Sie über die Schnauze.
- Werfen Sie den Hund notfalls auf den Rücken und halten ihn dort unten, bis er sich völlig ergeben hat.
- Nimmt er sich in erreichbarer Entfernung Frechheiten heraus, dann werfen Sie, möglichst ohne dass der Hund es sieht, einen rasselnden Gegenstand neben ihn. Unterbricht er sein Tun, rufen Sie ihn freundlich zu sich.

Der Hund sitzt vor Ihnen, Sie halten locker die linke Hand auf sein Hinterteil und klemmen mit dem Daumen ein Bröckchen auf die Handfläche der rechten Hand. Diese halten Sie ihm vor die Nase und bewegen sie dann zum Boden und dort langsam vom Hund weg. Um an das Leckerchen zu gelangen streckt er sich, bis er liegt. Im gleichen Augenblick ertönt Ihr Hörzeichen „Platz". Ausgiebig loben, belohnen und Übung beenden.

Alleine bleiben

Von Anfang an kann auch der Welpe daran gewöhnt werden, für kurze Zeit alleine zu sein. Wählen Sie einen Zeitpunkt, zu dem der Hund ohnehin müde ist. Er hat gespielt, gefressen, sein Geschäft verrichtet, nun kann er schlafen. Entfernen Sie sich zunächst für wenige Minuten, wechseln Sie nur das Zimmer oder die Etage und steigern Sie langsam die Zeit, die er alleine bleibt. Machen Sie keine großen Worte zum Abschied und zur Begrüßung, damit würden Sie falsche Signale setzen. Sie sind der Boss und kommen und gehen kommentarlos, wie es Ihnen passt. Gewähren Sie ihm in Ihrer Abwesenheit nur Zugang zu Zimmern, in denen er ohne Aufsicht nicht allzu viel verkehrt machen kann. Kauknochen und Spielzeug helfen gegen Langeweile. Lassen Sie eventuell das Radio an.

Die Stimmung ist gespannt, die Hündin hat sich unterworfen. Sie jetzt noch zu strafen wäre gegen jede Regel hündlichen Verhaltens!

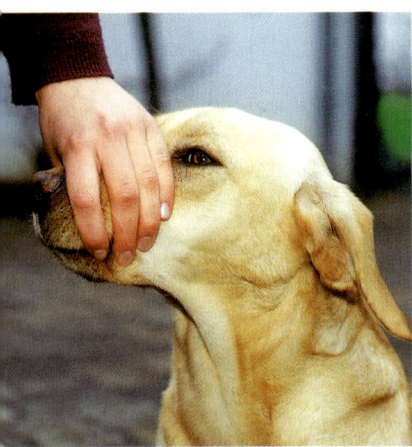

Beim Schnauzgriff drücken Sie die Lefzen gegen die Zähne.

Auto fahren

Überlegen Sie, welcher Platz im Auto für den Hund am praktischsten ist. Haben Sie einen Kombi, dann bietet sich das Heck für den Transport an. Ein Sicherheitsgitter schützt Sie und den Hund. Für den Transport auf dem Rücksitz gibt es Sicherheitsgurte und spezielle Hundematten. Der Hund darf Sie und andere Menschen durch uneingeschränkte Bewegungsfreiheit im Fahrzeug nicht in Gefahr bringen.

Das Springen ins Auto und aus dem Auto ist in den ersten Monaten zu unterbinden, da es den Gelenken schaden kann. Heben Sie den Hund also hinein und auch wieder heraus. So lernt er auch gleich, dass man auch dann im Auto bleiben muss, wenn die Türen geöffnet werden (Hörzeichen „Bleib").

Gewöhnen Sie Ihren Labrador ans Autofahren, indem Sie ihn zunächst einige Male auf seinen Platz setzen, ihn streicheln und loben. Als nächsten Schritt fahren Sie eine kleine Runde um den Block oder zu einem interessanten Spazierweg. Steigern Sie die Strecken langsam, fahren Sie nicht unnötig bei großer Hitze mit dem Hund im Auto und lassen Sie ihn dann vor allen Dingen nicht darin zurück. Ein aufgeheiztes Auto kann zur Todesfalle werden.

Betteln

Labrador Retriever fressen für ihr Leben gern. Das Gefühl „satt" zu sein kennen sie meistens nicht. Haben Sie Ihrem Labi einmal zugestanden, am Tisch partizipieren zu dürfen, wird er sich und Sie immer daran erinnern. Es hilft nur Konsequenz von Anfang an. Wenn Sie essen, gehört der Hund auf seinen Platz. Er wird dieses Verhalten nicht als hartherzig, sondern als Stärke Ihrerseits ansehen und Sie deshalb einmal mehr als Boss akzeptieren.

Die Fütterungszeiten für den Hund sind entweder zeitlich weit von Ihren Mahlzeiten entfernt oder er bekommt sein Futter, wenn Ihre Mahlzeit beendet ist, denn der Boß darf zuerst fressen.

Wichtig!
Bei Apportierspielen läuft Ihr Labi schnell zur Beute und stoppt dann plötzlich ab. Das belastet die Gelenke. Also nicht pausenlos apportieren lassen.

Erstes Apportieren

Alles, was ein Labrador Retriever trägt, ist „brav", auch wenn es sich dabei um Ihren besten Seidenschal handelt! Sie hätten ihn nicht liegen lassen sollen. Am besten, Sie loben Ihren Hund zu sich heran und bieten ihm eine interessante Beute als Ersatz an.

Leiten Sie die Apportierfreudigkeit Ihres Labis gleich in richtige Bahnen. Begeistern Sie ihn für das Apportierspiel mit Ihnen. Todsicher wird er sein Spielzeug herumschleppen. Locken Sie ihn mit freudiger Stimme heran, loben Sie ihn, nehmen ihm dann mit dem Hörzeichen „Aus" das Teil vorsichtig aus dem Maul und werfen es sofort wieder weg, um Ihren Labi gleich wieder mit derselben Begeisterung und dem Hörzeichen „Apport" zum erneuten Bringen zu motivieren.

Suchen Sie sich für dieses Spiel anfangs einen kleinen Raum (zum Beispiel den Flur) aus, in dem der Hund Ihnen nicht zu weit ausweichen kann. Hat er das nötige Vertrauen zu Ihnen und zudem begriffen, dass das Spiel nur weitergeht, wenn er seine Beute abgibt, bringt er Ihnen bald gerne jede Beute.

„Alles was ich finde, trage ich gerne herum. Leg die Dinge, die ich nicht haben darf, gut weg."

Der Schlüssel zum zuverlässigen Apportieren ist nicht Zwang, sondern die Freude an der Arbeit.

Grundregeln für die Erziehung

- Konsequenz ist gefragt! Überlegen Sie, was Ihr Hund darf und was er nicht darf, und handeln Sie danach.
- Überfordern Sie Ihren Hund nicht, erwarten Sie nicht Dinge, die er noch nicht gelernt hat.
- Üben Sie anfangs dort, wo wenig Ablenkung herrscht.
- Mehrere kurze Übungseinheiten (beim Welpen zwei bis fünf Minuten) sind effektiver als eine lange.
- Gestalten Sie das Training interessant.
- Geben Sie klare und kurze Kommandos, zum Beispiel „Sitz", „Hier", „Platz"...
- Sprechen Sie leise mit Ihrem Hund, er hört besser als Sie.
- Arbeiten Sie mit Ihrer Stimme: Hohe Stimmlage entspricht freundlicher Grundstimmung, tiefe Stimmlage negativer Grundstimmung, Drohung.
- Geben Sie ein Kommando nicht gleich mehrfach, helfen Sie notfalls ein wenig nach, damit es befolgt wird.
- Fordern Sie nichts, was Sie nicht durchsetzen können!
- Beenden Sie das Training immer mit einer gelungenen Übung!
- Loben Sie Ihren Hund – und zwar sofort, wenn er etwas richtig macht!
- Ignorieren Sie unerwünschtes Verhalten, wenn es möglich ist (z.B. Anspringen).
- Reagieren Sie sofort, wenn Sie das Verhalten des Hundes korrigieren wollen.

Auf nichtjagdlichen Retriever Prüfungen wird mit „Dummies" gearbeitet. Das sind gefüllte Stoffsäcke, die anstelle von Wild apportiert werden. Haben Sie Spaß an der Arbeit mit Ihrem Retriever, dann trainieren Sie doch von Anfang an mit einem Dummy. Hinweise auf entsprechende Literatur finden Sie im Anhang.

Freizeit mit dem Labrador Retriever

Zu jeder Schandtat ist er bereit, und ob Sie zum ausgelassenen Spiel, zum Joggen oder zum Musikhören und Streicheln aufgelegt sind, Ihr Labi ist dabei.

Rücksicht nehmen

Es gäbe keinen Grund für Hundefeindlichkeit in unserer Gesellschaft, würde jeder Hundehalter Spielregeln einhalten, die eigentlich die Achtung vor dem Anderen gebieten. Dabei ist es gar nicht schwer, sich im Alltag so zu verhalten, dass niemand unnötig belästigt wird.

Voraussetzung für den richtigen Umgang mit dem Hund und seine Erziehung ist es, dass man sich über sein Verhalten informiert hat und so auch in der Lage ist, die Reaktion des Vierbeiners in bestimmten Situationen abzuschätzen. So kann man zum Beispiel verhindern, dass andere Menschen sich erschrecken oder unnötig ängstigen. Hatte Ihr Labrador die Möglichkeit, ein vernünftiges Sozialverhalten zu entwickeln, beherrscht er wenigstens die Grundkommandos, dann sind die meisten Probleme bereits ausgeschlossen. Lärmbelästigung durch Labis dürfte auch eher selten vorkommen, da sie nicht zum Kläffen neigen. Und alle anderen Problemsituationen bekommen Sie doch locker in den Griff:

Halten Sie den Hund einfach bei Fuß, wenn Jogger, Radfahrer oder angeleinte Hunde Ihren Weg kreuzen. Lassen Sie Ihren Rüden nicht an Nachbars schönem Blumen-

Mit einfachen Mitteln kann man etwas Abwechslung in die gemeinsame Freizeitgestaltung bringen.

kübel vor der Haustür markieren. Entfernen Sie den Hundehaufen auf dem Bürgersteig oder auf der Wiese im Park mit einer Plastiktüte und werfen Sie diese in den nächsten Mülleimer. Nicht jeder Mensch mag Hunde und das müssen wir akzeptieren, aber wir können viel dazu beitragen, dass auch wir und unsere Hunde akzeptiert werden.

Spaziergänge

Sie lieben ausgedehnte Spaziergänge in freier Natur? Das trifft sich gut, denn mit dreimal kurz um den Block gehen ist es nicht getan beim Labrador Retriever. Drei- bis viermal am Tag muss der erwachsene Hund in jedem Fall hinaus, der Welpe natürlich viel öfter. Zwei Stunden Bewegung sind Minimum für den erwachsenen Hund. Damit ist nicht der Stadtspaziergang an der Leine gemeint, der mit den natürlichen Bewegungsabläufen und Verhaltensweisen eines Hundes ohnehin nichts zu tun hat. Bewegungsfreiheit ist angesagt, rennen, mit anderen Hunden spielen, schnüffeln, apportieren und am liebsten regelmäßig schwimmen.

Beute machen sollte zu Ihren Spaziergängen dazugehören. Werfen Sie gelegentlich ein Bällchen oder nehmen Sie ein

Drei wohlerzogene Labis!

> „Begegnet uns beim Spaziergang ein anderer Hund, dann möchte ich gerne mit ihm spielen!"

Dummy mit, welches Sie einfach manchmal auf dem Weg liegen lassen, um dann Ihren Labi zurückzuschicken, damit er es holt. Handschuhe, ein Schlüsselbund, oder was Sie auch immer mit sich tragen, erfüllen den gleichen Zweck.

Der Welpe darf noch keine langen Wanderungen machen, damit seine Gelenke nicht zu sehr belastet werden. Anfangs reicht ein Viertelstündchen pro Spaziergang, was langsam gesteigert wird.

Sportsfreund Labrador

Der temperamentvolle und bewegungsfreudige Labrador Retriever freut sich über jede sportliche Betätigung, die Sie ihm anbieten. Joggen, Reiten, Fahrradfahren – wozu auch immer Sie Ihren Kameraden mitnehmen, er genießt die ausgiebige Bewegung und das Zusammensein mit Ihnen.

Muten Sie Ihrem Sportsfreund aber nicht gleich zuviel zu. Trainieren Sie langsam Muskeln und körperliche Ausdauer, damit das gemeinsame Vergnügen nicht in der Tierarztpraxis endet. Hunde unter einem Jahr sollten derartigen Dauerbelastungen noch nicht ausgesetzt werden.

Agility

Eine andere Möglichkeit, mit dem Labrador gemeinsam Spaß zu haben und ihn körperlich und geistig zu fordern, ist Agility. Der Hund springt durch oder über Hindernisse, läuft im Slalom um Stangen herum, balanciert über Wippen oder

Tipp!

Lassen Sie Ihren Labrador nur ohne Leine Kontakt zu Artgenossen knüpfen. Angeleint kommt es zwischen Hunden manchmal zu unnötigen Aggressionen.

Auch Ihren Garten müssen Sie jetzt nicht mehr alleine umgraben!

Haltung, Pflege und Erziehung

Ein wenig Übung braucht das „Einweisen" schon. Mit Sicht- und Hörzeichen wird der Labrador genau zu der Stelle dirigiert, wo die Ente oder das Dummy liegt.

kriecht durch Tunnel. Auch hier ist konzentrierte Teamarbeit angesagt. Voraussetzung ist, dass Ihr Labi gesund ist. Fragen Sie dann Ihren Züchter, Ihren Tierarzt oder im Hundefuttershop, ob und wo es in Ihrer Nähe eine Hundeschule oder einen Hundeverein gibt, der Agility anbietet.

Dummy-Training

Auch wenn Sie Ihren Labrador nicht jagdlich führen wollen, hier kann Ihr Hund seine Fähigkeiten trotzdem ausleben! In speziellen Dummy-Prüfungen kann Ihr Retriever sein Können unter Beweis stellen. Die Anforderungen an freudiges, aber korrektes Apportieren, an Gehorsam und Steadiness (Standruhe) sind zwar hoch, Sie haben aber auch einen Hund, der gefordert werden und für Sie arbeiten möchte. Schauen Sie sich das Training, das von den Zuchtvereinen angeboten wird, doch einfach einmal an, vielleicht werden auch Sie Spaß daran finden (Hinweise auf entsprechende Literatur finden Sie auf Seite 61).

Jagdliche Ausbildung

Es war nicht leicht für den Labrador Retriever hierzulande seinen Platz neben den etablierten Jagdhunderassen zu erobern. Langsam aber hat er sich auch bei uns seinen Ruf als zuverlässiger Begleiter bei der Jagd erarbeitet. Seine ausdauernde Arbeitsfreude, insbesondere bei der Wasserarbeit, seine hervorragende Nase und sein weiches Maul zeichnen ihn aus. Haben Sie die Gelegenheit Ihren Labi gelegentlich jagdlich zu führen? Haben Sie Spaß an der Ausbildung? Dann fragen Sie bei Ihrem Förster, wo in Ihrer Nähe Ausbildungskurse des Jagdgebrauchshundeverban-

Wichtig!

Ist Ihr Labrador in eine Rauferei verwickelt, dann schlagen Sie bitte nicht aufgeregt dazwischen. Beide Hundeführer sollten sich in unterschiedliche Richtungen entfernen und dann die Hunde rufen.

Selbst gebauter Agilityparcours

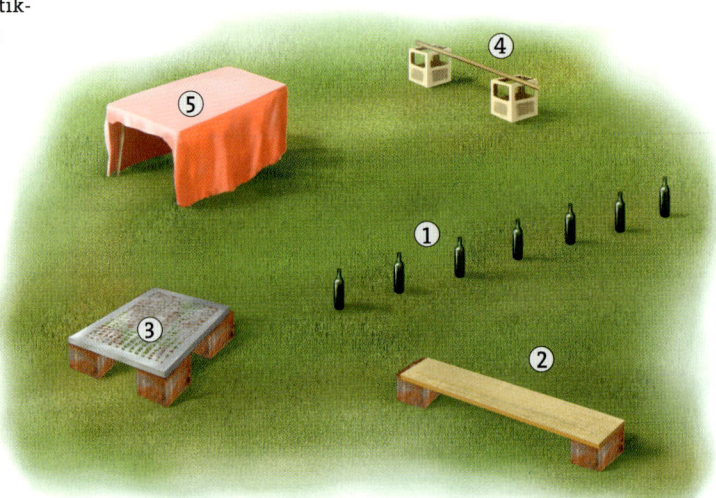

① Mit Wasser gefüllte Plastikflaschen: Der Hund geht im Slalom drum herum.

② Brett auf zwei Steinen: Der Hund läuft darüber, macht später auch „Sitz" und „Platz" darauf.

③ Gitter auf vier Steinen: siehe Punkt 2

④ Stange auf zwei Kästen: Der Hund springt darüber und kriecht darunter durch.

⑤ Campingtisch mit Decke darüber: Der Hund läuft durch diesen „Tunnel".

Als Abwechslung kann Ihr Hund diesen Parcours auch mit einem Dummy im Maul absolvieren.

des stattfinden. Die Zuchtvereine bieten jagdliche Prüfungen und zum Teil auch Vorbereitungskurse dafür an. Ihr Hund wird begeistert sein!

Der Rettungshund

Soziales Engagement können Sie auch gemeinsam mit Ihrem Labrador zeigen. Hilfsorganisationen wie zum Beispiel das Rote Kreuz oder der Malteser Hilfsdienst unterhalten Rettungshundestaffeln. In regelmäßigen und intensiven Trainingsstunden werden die Hunde dazu ausgebildet, ein Gebiet nach verletzten oder vermissten Menschen abzusuchen. Mensch und Hund werden als Team auf den Einsatz im Ernstfall, etwa nach Erdbeben oder Lawinenunglücken vorbereitet.

Haltung, Pflege und Erziehung

Ausstellungen

Könnten Sie sich vorstellen, Ihren schönen Labrador Retriever auf einer Ausstellung der Öffentlichkeit vorzustellen, dort mit anderen Retrieverfreunden Erfahrungen auszutauschen, eventuell sogar einen Titel zu gewinnen?

Bei einer Ausstellung wird der Hund nach seinem Körperbau, seinem Haarkleid, seinem Gangwerk und, soweit hier möglich, auch nach seinem Wesen beurteilt. Es findet ein Vergleich der Zuchtergebnisse statt, der sowohl clubintern als auch international sein kann.

Die Retriever werden zur Beurteilung in Klassen eingeteilt: Jüngstenklasse (sechs bis neun Monate), Jugendklasse (neun bis achtzehn Monate), Offene Klasse oder Gebrauchshundeklasse (ab fünfzehn Monate), Siegerklasse (Hunde mit Champion- oder Siegertiteln), Veteranenklasse (Hunde ab sieben Jahre) und schließlich die Ehrenklasse (Hunde mit dem Titel „Internationaler Champion"). Vom Spezialrichter erhält der Hund eine Formwertnote, die „vorzüglich", „sehr gut", „gut" oder „genügend" lautet.

Unversehrt wird der geschossene Fasan abgeliefert. Als „weiches Maul" bezeichnet man die sichere, aber vorsichtige Art des Tragens der Beute.

Urlaub

Endlich Zeit für Mensch und Hund! Planen Sie gut, damit diese wertvolle Zeit nicht von Problemen überschattet wird. Ihr Tierarzt informiert Sie über aktuelle Einreisebedingungen in Ihr Urlaubsland, etwa auch über etwaige

Zwei zukünftige Champions?

Prüfungen (für den Anfang)

Der Labrador Retriever lernt gern und schnell. Fordern Sie ihn und sich, indem Sie beide gelegentlich an Prüfungen teilnehmen:

- **Begleithundeprüfung und verkehrssicherer Begleithund:** Normaler Grundgehorsam und das Verhalten im Straßenverkehr werden geprüft.
- **Dummyprüfungen für Anfänger und Fortgeschrittene:** Apportieraufgaben, ähnlich wie bei jagdlichen Prüfungen, sind hier zu meistern.
- **Jagdeignungsprüfung:** Grundgehorsam, Haar- und Federwildschleppen, Wasserarbeit und Schweißarbeit (nicht zwingend) sind hierbei Prüfungsfächer.
- **Bringleistungsprüfung:** ähnlich wie Jagdeignungsprüfung, zuzüglich freie Verlorensuche und Einweisen.

Quarantänezeiten. Denken Sie früh genug an vielleicht fällige Impfungen, damit Sie keine Fristen verpassen. In vielen Hotels, Ferienhäusern oder auf Campingplätzen sind wohlerzogene Vierbeiner kein Problem, Sie müssen allerdings dafür zahlen.

Auch bei Bahn- und Flugreisen braucht Ihr Labi ein Ticket, beim Flug kommt noch die Transportbox für die Unterbringung im Frachtraum dazu. Große Hitze bei langen Autofahrten ist nicht nur für den Menschen, sondern auch für den Hund sehr strapaziös. Frisches Wasser darf im Handgepäck nicht fehlen und für den Verdauungsspaziergang an der Autobahnraststätte empfiehlt sich eine lange Leine um hier kein Risiko einzugehen.

Ist das Urlaubsland Ihrer Träume zum Beispiel aufgrund extremer Witterungsbedingungen oder die Art Ihres Urlaubs für Ihren Labrador nicht geeignet, dann organisieren Sie frühzeitig die Unterbringung des vierbeinigen Freundes für diese Zeit. Ideal wäre die Betreuung durch eine vertraute Person in einer zudem bekannten Umgebung. Ihr Hund ist nicht in der Lage, darüber nachzudenken, dass Sie ja nach drei Wochen wiederkommen. Für ihn ist wichtig, ob er sich jetzt und hier wohl fühlt. Gute Hundepensionen, in denen der Hund bei gutem Sozialverhalten eventuell auch in der Gruppe von Artgenossen gehalten wird, sind erfahrungsgemäß früh ausgebucht. Wo auch immer Sie Ihren Labi unterbringen, denken Sie in jedem Fall daran, Ihre Telefonnummer vom Urlaubsort beim Hundesitter zu hinterlassen.

Fährt die ganze Familie mit dem Auto in Urlaub, ist es manchmal nicht leicht, das Gepäck so zu verstauen, dass der Labi noch Platz hat.

Nachwuchs

Es kann nicht Aufgabe dieses Ratgebers sein, Ihnen auch nur ansatzweise eine umfassende Anleitung zur Zucht zu geben. Hundezucht ist ein so komplexes Thema, dass Sie im Buchhandel diverse Werke finden können, die ausschließlich diesen Bereich von allen Seiten beleuchten und zudem detaillierte Anleitungen liefern.

Hunde gibt es genug, vor allem solche, die keiner haben will. Es kann also nicht darum gehen, Hunde zu vermehren, weil es so nett ist, einmal Welpen aufzuziehen. Auch die Meinung, die Scheinträchtigkeit einer Hündin oder eine eventuelle Krebserkrankung der Geschlechtsorgane hinge damit zusammen, ob die Hündin Welpen hatte, ist falsch.

Wenn man züchtet, muss der Tierschutzgedanke dabei ganz oben stehen. Ziel kann nur der physisch und psychisch gesunde Hund sein, der Freude an seinem Dasein hat und das Leben des Menschen bereichert.

Anforderungen an Hund und Züchter

Auch wenn für Sie Ihr Labi der schönste Hund der Welt ist, gibt es noch einige objektive Kriterien, die darüber entscheiden sollten, ob Ihr Rüde oder Ihre Hündin Erbanlagen weitergibt oder nicht. Die Gelenke und Augen müssen gesund sein, sonstige erbliche Erkrankungen dürfen bei Ihrem Labrador Retriever oder auch bei seinen Eltern nicht festgestellt worden sein. Sein Wesen, seine Leistungsfähigkeit und das Exterieur sollten dem Rassestandard sehr nahe kommen.

Neben den räumlichen Gegebenheiten und der Zeit, die man zur Aufzucht von Welpen benötigt, verfügt der seriöse Züchter über ein umfassendes Sachwissen, was die Rasse und die praktischen Aspekte der Zucht angeht. Es ist wunderschön, Welpen großzuziehen, doch wenn Sie Hunde lieben, sollten Sie an sich und Ihre Zuchthunde hohe Anforderungen stellen.

In den ersten Wochen lernen Welpen, wer zum Sozialverband gehört. Mangelt es in dieser Zeit an Kontakt zu Menschen, wird der Hund später nie ein vertrauensvolles Verhältnis zum Menschen aufbauen können.

Checkliste Urlaub

- Impfpass
- Leine und Halsband
- Adressenanhänger
- Decke
- Futter- und Wassernapf
- gewohntes Futter
- Bürste
- Zeckenzange
- Handtücher
- wenn nötig Medikamente

Hier ist Handeln angesagt, wenn Nachwuchs unerwünscht ist! Die Hündin steht ruhig (Standhitze) und legt die Rute zur Seite.

Empfängnisverhütung

In einem Abstand von circa sechs Monaten wird die Hündin läufig. Die Hitze dauert vom ersten Tag der Blutung an gerechnet ungefähr 21 Tage. Einer Vorbrunft folgt die Hochbrunft oder Standhitze, also die Zeit, in der die Hündin bereit ist sich decken zu lassen und in der die Eisprünge stattfinden. Diese Standhitze liegt ungefähr zwischen dem zehnten und sechzehnten Tag, es gibt hier aber individuelle Abweichungen. In dieser Zeit muss die Hündin immer unter Kontrolle sein, der kurze unbeaufsichtigte Aufenthalt im Garten kann dem bereits wartenden Nachbarsrüden schon dazu verhelfen, seiner Liebe nachhaltig Ausdruck zu verleihen.

Möchten Sie die Hitze der Hündin verhindern, so können Sie sich zu einer Hormonbehandlung entschließen, die allerdings nicht unumstritten ist. Sie stellt eine Belastung für den Hormonhaushalt der Hündin dar und hat gelegentlich Gebärmutter-Entzündungen zur Folge.

Eine endgültige Lösung des Problems erreichen Sie dagegen durch eine Kastration – ein operativer Eingriff, bei dem die Eierstöcke und ein Teil der Gebärmutter entfernt werden. Die Gefahr, an Gesäugekrebs zu erkranken ist für die Hündin nach einem solchen Eingriff, insbesondere wenn er nach der ersten Hitze durchgeführt wurde, geringer. Zu bedenken ist, dass der Eingriff nicht rückgängig zu machen

Mit einem gut erzogenen und verkehrssicheren Hund ist der Alltag kein Problem.

Haltung, Pflege und Erziehung

ist und ein geringes Risiko bei jeder Vollnarkose besteht. Außerdem kommt es bei einigen besonders dafür disponierten Rassen, beim Labrador Retriever sehr selten, zu Harnträufeln, welches aber medikamentös beeinflusst werden kann.

Welche Möglichkeiten gibt es nun, dem liebeskranken Rüden zu helfen? Auch hier kann mit Hormongaben gearbeitet werden, deren Wirkung circa drei bis sechs Wochen anhält. Negative Nebenwirkungen sind nicht zu befürchten. Die gelegentliche Gabe von Beruhigungsmitteln ist ebenfalls eine Möglichkeit. Soll der Rüde nicht zur Zucht verwendet werden, ist die Kastration eine sichere und endgültige Methode um unerwünschte Deckakte zu verhindern und die Gefahr auszuschließen, dass Ihr Labi vor ein Auto läuft, weil es ihn zu seiner Angebeteten zieht. Der Eingriff, bei dem die Hoden entfernt werden, ist unkompliziert und ohne negative Folgen für den Rüden. Auch einen Psychiater wird er anschließend nicht benötigen.

Nach einer Kastration fällt bei Rüde und Hündin der Geschlechtstrieb weitestgehend weg. Dominanzverhalten, das aus übersteigertem Sexualtrieb resultiert, kann abgeschwächt werden. Negative Auswirkungen auf das Wesen des Hundes sind nicht zu erwarten.

> **Wichtig!**
> Kommt es einmal zu einem ungeplanten Deckakt, so dürfen die Tiere nie mit Gewalt getrennt werden, da dies zu ernsthaften Verletzungen führen kann. Ein Deckakt dauert ungefähr 15 Minuten.

Wenn viele Labis zusammen sind, gibt es meist viel Spaß für die Hunde und ihre Menschen. Doch auch Krankheitserreger können übertragen werden.

Gesundheitsvorsorge und Krankheiten

Auch wenn Ihr Labrador unter optimalen Bedingungen gehalten, gesund ernährt und liebevoll betreut wird, kann er einmal krank werden. Viele Erkrankungen können aber durch vorbeugende Maßnahmen verhindert werden.

Krankheiten vorbeugen

Dank des enormen Fortschritts der Medizin können wir heute Krankheiten, die früher ganze Landstriche dahingerafft haben, mit einem kleinen Nadelstich verhindern. Das geht auch bei unseren Hunden, wobei negative Impfreaktionen bei ihnen sehr selten sind. Die Krankheiten jedoch, gegen die geimpft wird, ziehen oft Spätfolgen nach sich – wenn der Patient sie denn überlebt. Sie sind ferner durchweg hochansteckend und verbreiten sich schnell. Aus diesem Grund werden Sie bei allen Hundeprüfungen oder bei Ausstellungen immer den Impfpass Ihres Hundes vorzeigen müssen. Zu Erkrankungen, gegen die eine Impfung erforderlich ist, finden Sie auf Seite 56 eine kurze Erläuterung.

Labrador Retriever sind hart im Nehmen. Ziehen sie sich zurück und bleiben freiwillig ruhig, geht es ihnen wirklich schlecht!

Erkrankungen vorbeugen kann man aber auch durch artgerechte Haltung. Ausreichende und angemessene Bewegung und sinnvolle Fütterung sind gute Voraussetzungen dafür, dass Ihr Labrador schlank bleibt und sein Organismus

Gesundheitsvorsorge und Krankheiten

Der begeisterte Sprung ins Wasser kann gefährlich sein! Erlauben Sie es Ihrem Labi nur, wenn Sie das Gewässer kennen.

Wichtig!
Lassen Sie Ihren Hund niemals mit Halsband ins Wasser. Er könnte irgendwo hängen bleiben und ertrinken.

nicht unnötig belastet wird. Ist Ihr Hund nass, halten Sie ihn in Bewegung oder trocknen ihn in der kalten Jahreszeit bald ab. Legen Sie ihn nicht stundenlang in eisiger Kälte oder sengender Sonne ab, denn auch die Robustheit eines Labrador Retrievers hat Grenzen.

Kein guter Versuch Krankheiten vorzubeugen ist es, den Hund von allem fernzuhalten und zu verhätscheln. Setzen Sie auch den Welpen normalen Umweltbedingungen aus und geben Sie ihm damit die Möglichkeit, Abwehrkräfte zu bilden.

Erste Anzeichen

Krankheiten gehen meist mit einem veränderten Verhalten einher. Beschäftigen Sie sich viel mit Ihrem Hund, so werden Sie bald bemerken, wenn er nicht fit ist. Beobachten Sie ihn nun gut, damit Sie Ihrem Tierarzt später viele Informationen geben können, die die Diagnose erleichtern.

- Wirkt Ihr Hund apathisch und lustlos, kommt er nicht gleich auf Ihr Rufen, sondern verkriecht sich sogar?
- Jammert er bei Berührung oder gar ohne erkennbaren Grund?

Impfplan

sechste bis siebte Woche
Parvovirose
achte bis neunte Woche
SHLP – Grundimmunisierung
mit 12 Wochen
SHLP – Wiederholung plus Tollwut
eventuell sechzehnte Woche
SHLP – Wiederholung
nach einem Jahr
SHLPT
Jährliche Auffrischungsimpfungen
eventuell auch gegen Zwingerhusten geben den bestmöglichen Schutz

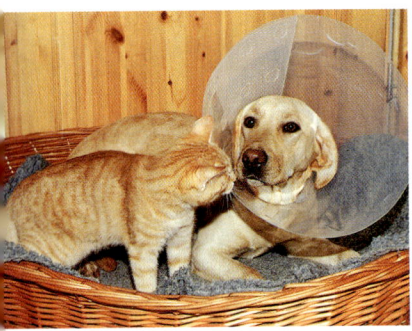

Selbst der Kater macht nur einen vorsichtigen Krankenbesuch und verzichtet freiwillig auf die gewohnten Spielattacken.

Sofortiger Tierarztbesuch erforderlich!

- heftiges mehrfaches Erbrechen, eventuell mit Blut vermischt
- anhaltender starker Durchfall, blutiger Durchfall
- auffallender Speichelfluss, der nicht zu erklären ist
- plötzliche extreme Verhaltensauffälligkeiten
- plötzlich aufgeblähter Bauch und vergebliches Würgen
- blasse, bläulich gefärbte Schleimhäute, Zittern, allgemeine Schwäche
- stark blutende Wunden
- Knochenbrüche
- Bissverletzungen
- nach Verkehrsunfällen

Gelassen lässt dieser Labrador die Untersuchung über sich ergehen.

- Ist die Nase trocken oder fühlen sich Pfoten und Bauch sehr warm an? Hat er Fieber?
- Trinkt er vermehrt oder sehr wenig?
- Frisst er normal?
- Hat er Durchfall?
- Hat er erbrochen?
- Niest, hustet oder würgt der Hund?
- Hat er auffallenden Speichelfluss?
- Kratzt oder beißt er sich ständig?
- Schüttelt Ihr Labi häufig den Kopf?
- Sind seine Augen gerötet?
- Ist die Körperhaltung Ihres Hundes normal?
- Schont er ein Bein?
- Hat er Probleme beim Hinsetzen oder Hinlegen?

Stellen Sie eines dieser Anzeichen bei Ihrem Labrador fest und finden keine simple Erklärung dafür, dann sollten Sie einen Tierarzt aufsuchen, denn es kann sich um den Beginn einer ernsthaften Krankheit handeln.

Der Besuch beim Tierarzt

Am besten, Sie suchen sich gleich einen Tierarzt in Ihrer Nähe, wenn der Hund einzieht. Statten Sie ihm bald einen

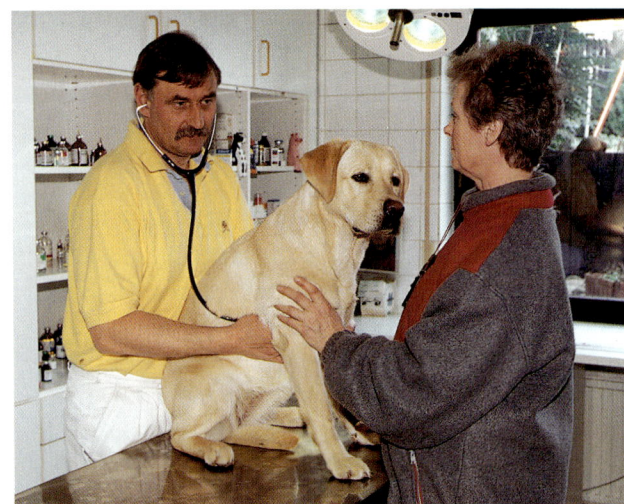

Besuch ab, bei dem Ihr Labrador einmal durchgecheckt wird. So kann der Hund sich ohne Behandlungsstress mit dem Tierarzt vertraut machen.

Vermuten Sie, dass Ihr Hund krank ist, dann merken Sie sich möglichst genaue Details, schreiben Sie gegebenenfalls auf, was Ihnen aufgefallen ist, um dem Tierarzt diese Informationen weiterzugeben. So kann die Behandlung schnell zum Erfolg führen.

Medikamente

Es gibt zwar viele Medikamente, die sowohl für den Menschen als auch für das Tier geeignet sind, ohne fachkundigen Rat sollten Sie aber besser kein Medikament geben, denn ein Irrtum kann tödlich sein.

Soll ein Labrador Tabletten einnehmen, dann kann das bei dem gesunden Appetit unserer Hunde kein Problem sein. Die Tablette wird in Leberwurst verpackt, und schon ist sie gefressen. Tropfen geben Sie auf einen Löffel oder ziehen sie mit einer Einmalspritze (ohne Nadel) auf, ziehen eine Lefze etwas zur Seite, spritzen die Tropfen hinein und halten die Schnauze zu, bis der Hund geschluckt hat. Weigert er sich zu schlucken, massieren Sie den Kehlkopf.

Um Tropfen oder Salbe in das Auge einzubringen, ziehen Sie das Unterlid etwas hinunter und geben die Medizin in den so entstandenen Zwischenraum. Dabei sollte der Augapfel nicht berührt werden. Lässt der Hund die Behandlung nicht ruhig über sich ergehen, sollte ihn eine zweite Person festhalten – anschließend belohnen!

Muss das Ohr behandelt werden, dann heben Sie den Behang hoch, bringen Sie Tropfen oder Salbe eventuell mit Hilfe eines entsprechenden Aufsatzes auf der Tube in das Ohr ein, massieren den Gehörgang ein wenig und wischen dann überschüssige Medizin ab.

So messen Sie Fieber: Ein Helfer hält den Hund fest; Sie heben die Rute hoch und führen das leicht eingefettete Thermometer vorsichtig ein. Die Normaltempereatur eines Hundes liegt bei 38 bis 38,5 °C

Wichtig!

Weiche Plastikteile werden oft im Magen steinhart und scharfkantig und können so zu Verletzungen führen. Nehmen Sie es also nicht auf die leichte Schulter, wenn Ihr Hund etwas derartiges verschluckt.

Krankheiten, gegen die man Hunde impfen lassen sollte

Staupe (S)
Staupe wird durch ein Virus verursacht. Erste Krankheitszeichen treten drei bis sieben Tage nach der Ansteckung, die von Hund zu Hund oder auch über die Kleidung des Menschen erfolgt, auf. Abgeschlagenheit, Appetitlosigkeit und Fieber sind erste Symptome. Man unterscheidet drei verschiedene Verlaufsformen der Staupe:
- Darmstaupe: Erbrechen, Durchfall, Darmentzündungen.
- Lungenstaupe: Augen- und Nasenausfluss, Entzündungen im Nasen- und Rachenraum, die sich über die Bronchien zur Lunge ausbreiten.
- Nervenstaupe: Bewegungsstörungen, krampfartige Zuckungen, Lähmungen.

Überlebt der Hund die Krankheit, muss mit schweren Dauerschäden (zum Beispiel Epilepsie, Zahnschmelzdefekte, Verhaltensstörungen) gerechnet werden.

Ansteckende Leberentzündung (H)
(Infektiöse Hepatitis)
Auch diese Krankheit wird durch ein Virus hervorgerufen. Sowohl die Art der Ansteckung als auch die Krankheitszeichen sind denen der Staupe sehr ähnlich. Als mögliche Spätfolge kann Hornhauttrübung zur Erblindung führen.

Stuttgarter Hundeseuche (L) (Leptospirose)
Bakterien aus verunreinigten Gewässern, die von Hund zu Hund, durch Ratten, Mäuse oder andere Tiere übertragen werden, verursachen die Leptospirose. Erste Anzeichen sind Müdigkeit und Schwäche in den Hinterbeinen. Es folgen Erbrechen, Durchfall, Nierenentzündungen und häufig Gelbsucht. Einige Erreger sind auch auf den Menschen übertragbar.

Parvovirose (P)
Die Parvovirose wird oft fälschlich als Katzenseuche bezeichnet. Zwar tritt diese Virusinfektion bei verschiedenen Tierarten auf, wird jedoch immer von einem arteigenen Virus ausgelöst. Diese Viren können viele Monate in der Umwelt überleben und sind durch Desinfektion nur schwer abzutöten. Heftiges Erbrechen und übelriechender Durchfall, der bisweilen auch blutig ist, entkräften den Hund schnell. Meist werden junge Hunde befallen, die innerhalb von Stunden verenden können.

Zwingerhusten (Z)
Mehrere Viren und Bakterien sind Ursache für diese Atemwegserkrankung. Durch die Entzündung von Kehlkopf, Luftröhre und Bronchien tritt beim erkrankten Hund bellender Husten auf. Wo viele Hunde beisammen sind, wird die schnelle Ausbreitung der Krankheit begünstigt.

Tollwut (T)
Die Tollwut ist eine für Mensch und Tier tödlich verlaufende Viruskrankheit, die durch den Biss erkrankter Tiere übertragen wird. Über die Nervenbahnen dringt das Virus bis zum Gehirn vor und löst dort die für Tollwut typischen Erscheinungen aus. Die Inkubationszeit, die Zeit zwischen Ansteckung und Ausbruch der Krankheit, beträgt zwischen einer Woche und mehreren Monaten. Zunächst treten Verhaltensstörungen wie Unruhe, Scheu oder Verschlucken von Gegenständen auf. Starker Speichelfluss und Lähmungen sind zu beobachten. In vielen Fällen kommt es zu ausgeprägter Aggressivität und Beißwut. Die Tiere verenden unter fortschreitenden Lähmungserscheinungen. Der Gesetzgeber schreibt vor, dass an Tollwut erkrankte Tiere zu töten sind. Das gilt bereits für Tiere, die Kontakt zu seuchenverdächtigen Tieren hatten. Besteht bei Ihrem Hund nachweislich (Impfpass) ein ausreichender Impfschutz, gilt die Tötungspflicht nicht.

Erbliche Erkrankungen

HD – Hüftgelenksdysplasie

Das Hüftgelenk besteht aus dem Gelenkkopf und der Hüftgelenkpfanne. Beim gesunden Gelenk passen beide Teile optimal ineinander. Zeigen Gelenkkopf oder Gelenkpfanne Veränderungen, spricht man von einer Hüftgelenksdysplasie. Je nach Ausmaß der Veränderungen kann die Bewegungsfähigkeit des Tieres beeinträchtigt sein. Erst nach circa einem Jahr ist es möglich, mit Hilfe einer Röntgenaufnahme eine sichere Aussage über die Gesundheit der Hüftgelenke eines Hundes zu machen. Mehrere Gene sind an der Vererbung der HD beteiligt, aber auch Haltungs- und Fütterungsbedingungen spielen eine Rolle.

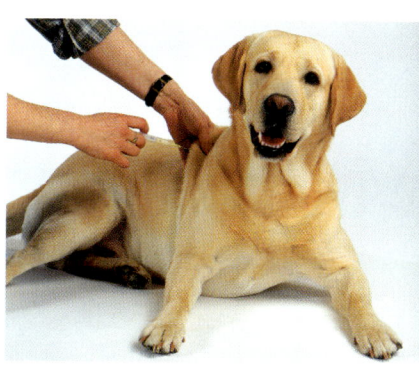

Regelmäßige Impfungen sind lebenswichtig für Ihren Hund.

ED – Ellenbogendysplasie

Es handelt sich um Veränderungen der Ellenbogengelenke (mit HD vergleichbar). Je nach Schwere der Erkrankung kann eine Lahmheit der Vorderläufe die Folge sein.

Epilepsie

Erblich bedingt oder als Folge früherer Erkrankungen kann Epilepsie beim Hund auftreten. Es kommt zu Krampfanfällen, die wenige Sekunden bis mehrere Minuten dauern können und häufig in Ruhephasen auftreten. Der Körper des Hundes verkrampft sich, der Hund fällt um, wird manchmal bewusstlos, eventuell entleeren sich Blase und Darm. Die Häufigkeit und Intensität der Anfälle steigert sich nicht selten. Eine medikamentöse Behandlung ist möglich.

PRA – Progressive Retina Atrophie

PRA ist eine Augenerkrankung. Es handelt sich um einen fortschreitenden Netzhautschwund, der bei unterschiedlichem Krankheitsverlauf allmählich zur Erblindung führt. Die Krankheit tritt meist mit drei bis vier Jahren, bei anderen Verlaufsformen auch später auf.

HC – Hereditärer Cataract

Eine vererbliche Form des Grauen Star. Kann durch Trübung der Linse die Sehkraft beeinträchtigen.

> **Durchfall und Erbrechen**
>
> Verdauungsstörungen dieser Art treten in schwächerer Form beim Hund gelegentlich auf. Benimmt sich der Hund normal, ist sein Allgemeinbefinden nicht gestört, befindet sich kein Blut in den Ausscheidungen, dann können Sie zunächst abwarten. Kontrollieren Sie die Ausscheidungen um ernsthafte Erkrankungen früh genug zu bemerken. Legen Sie einen Hungertag für Ihren vierbeinigen Freund ein und beginnen Sie am nächsten Tag mit kleineren, leicht verdaulichen Mahlzeiten, etwa mit Kartoffelpüree mit Hüttenkäse, oder Reis mit Huhn.

Parasiten

Würmer

Mit Würmern können sich unsere Hunde täglich infizieren: im Wald, auf der Wiese, durch rohes Fleisch, Flöhe oder das Fressen von Mäusen. Einige Wurmlarven wandern durch den Körper, bevor sie sich im Darm ansiedeln, und rufen teilweise bereits unterwegs Entzündungen in inneren Organen hervor. Welpen infizieren sich schon im Mutterleib und später immer wieder durch die Muttermilch mit Spulwürmern. Verdauungsstörungen wie Erbrechen und Durchfall, Krämpfe und massive Verstopfungen, viele kleine Verletzungen im Darm und dadurch Blutverluste und Entzündungen schwächen den Hund. Bei starkem Befall kann es bei Welpen zu Entwicklungsstörungen oder gar zu Todesfällen kommen.

Würmer stellen auch eine gesundheitliche Gefahr für den Menschen dar. Ihre Larven oder Eier können zum Beispiel beim Schmusen mit dem Vierbeiner aufgenommen werden.
Eine große Gefahr besteht bei einer Infektion mit Eiern des Fuchsbandwurms. Dessen Finnen können sich in inneren Organen festsetzen, dort tumorartig wachsen und unter Umständen zum Tode führen.

Im Kot des Hundes finden Sie eventuell Würmer oder Bandwurmglieder (ähnlich einem Reiskorn oder Gurkenkern). Spätestens dann ist es Zeit für eine Wurmkur! Um Ihre Familie und Ihren Hund zu schützen, sollten Sie jedoch regelmäßig Wurmkuren durchführen oder den Kot des Tieres vom Tierarzt untersuchen lassen.

Flöhe

Sie sind nicht nur lästige Außenparasiten, sondern sie übertragen auch Bandwürmer und Krankheiten und verursachen Allergien. Kleine schwarze Krümel auf der Haut (Flohdreck, färbt sich in feuchtem Tuch zerdrückt rot) und heftiges Jucken des Hundes weisen auf den Befall hin. Die Blutsauger verteilen sich in der gesamten Umgebung des Hundes, vermehren sich dort und warten auf die „nächste Mahlzeit". Mit Medikamenten, die auf die Haut des Hundes getropft werden, mit Flohhalsbändern, Sprays oder Pudern kann man den Plagegeistern zu Leibe rücken. Ihr Tierarzt hat Mittel, gegen die die Flöhe noch nicht resistent sind.

Zecken

Auf Grashalmen sitzen sie und warten, dass ein Tier oder ein Mensch als Nahrungsquelle vorbeikommt. Mit ihrem Rüssel bohren sie sich in die Haut und saugen Blut. Dabei können, besonders wenn bei der Zecke durch fehlgeschlagene Entfernungsversuche Stress ausgelöst wird, mit dem Speichel gefährliche Krankheitserreger ins Blut gelangen. Eine Form der Hirnhautentzündung oder auch die Borreliose werden von Zecken übertragen. Schützen kann man den Hund ähnlich wie vor Flöhen. Greifen Sie bei der Zeckenentfernung nicht zu Öl oder Nagellack, sondern benutzen Sie eine Zeckenzange.

Fassen Sie die Zecke mit der Zeckenzange unmittelbar über der Haut des Hundes.

Erste Hilfe

Schock
Es handelt sich um einen Kreislaufzusammenbruch z.B. aufgrund eines Unfalls, starken Blutverlustes oder einer Vergiftung. Die Schleimhäute im Kopfbereich sind blass, der Hund zittert. Sofortige ärztliche Behandlung ist erforderlich! Bis dahin den Hund in Decken einwickeln.

Hitzschlag
Der Hund war zu lange starker Sonne oder Hitze (z.B. im Auto) ausgesetzt oder hat sich bei Hitze überanstrengt. Er zittert, zeigt unkoordinierte Bewegungen, speichelt und hechelt stark. Hund in den Schatten bringen, Wasser anbieten, langsam abkühlen. Wird er bewusstlos, sofort zum Tierarzt.

Schnittverletzungen
Durch Scherben, Dosen und anderen Müll kommt es gelegentlich zu Schnittverletzungen insbesondere im Bereich der Pfoten. Wunde säubern und desinfizieren. Stark blutende Wunde mit Mullkompresse abdecken und einen Druckverband anlegen. Sofort zum Tierarzt!

Bisswunden
Oft wirken Bissverletzungen nach außen hin eher harmlos. Da Sie weder die Tiefe der Verletzung noch den nicht sichtbaren Schaden einschätzen können, empfiehlt sich der baldige Gang zum Tierarzt. Größere Verletzungen werden mit Hilfe eines Verbandpäckchens abgedeckt.

Knochenbrüche
Haben Sie den Eindruck, dass Ihr Hund nach einem Unfall oder Sturz einen Knochenbruch erlitten haben könnte, dann versuchen Sie nicht, selbst zu schienen, sondern bringen Ihren Vierbeiner möglichst schonend und schnell zum Tierarzt. Eine Hilfsperson, die den Hund ruhig hält und das gebrochene Gliedmaß stützt, ist hilfreich.

Der kleine Kerl strotzt vor Kraft und Gesundheit.

Wichtig!
Grundsätzlich sollten Sie Ihren Hund in Situationen, die für ihn mit Angst und Schmerzen verbunden sind, anleinen, damit nicht durch Panikreaktionen noch schlimmere Schäden entstehen.

Auch der Herbst des Hundelebens kann schön sein: „Basta vom Ziegelofen" im Alter von 15 Jahren.

Hinweis

Die Informationen und Ratschläge der Autorin sind auf dem aktuellen wissenschaftlichen Stand und wurden mehrmals geprüft. Ständig neue Erkenntnisse über artgerechte Tierhaltung, Fütterung, Pflege und Tiermedizin sowie neue Gesetzgebungen fordern den Halter auf, die Aktualität der Angaben gegebenenfalls zu überprüfen. Die Ratschläge beziehen sich auf normal veranlagte und entwickelte Labrador Retriever. Die Autorin kann weder eine Garantie noch eine Haftung für Personen-, Sach- und Vermögensschäden übernehmen.

Der alte Labrador

Zwölf bis fünfzehn Jahre kann Ihr Labrador Retriever Sie begleiten. Wann er sich alt fühlt, ist sehr unterschiedlich: Der eine wird schon mit acht Jahren etwas grau und ruhig, der andere ist mit zehn noch topfit.

Bedürfnisse

Irgendwann wird auch der größte Irrwisch ruhiger. Das Bedürfnis nach Bewegung, Spiel und Arbeit ist nicht mehr so groß und auch das Futter setzt schneller an als früher. Er sieht die Dinge gelassener, will nicht mehr überall die Nase hineinstecken. Das heißt nicht, dass er nicht trotzdem mitten im Geschehen sein möchte, aber mit Rückzugsmöglichkeit. Bieten Sie Ihrem alten Labrador angemessene Spaziergänge, kleine Apportieraufgaben, die ihn erfreuen und vor allem auf die reduzierten Bedürfnisse abgestimmtes Futter. Vielleicht lassen auch Sehschärfe und Gehör nach und der Hund muss sich in seiner Umwelt neu orientieren.

Abschied nehmen

Freunde begleiten einen ein Stück auf dem Weg durchs Leben, und so kann auch unser Hund nur einen gewissen Teil des Wegs mit uns gehen. Eines Tages müssen wir uns der Tatsache stellen, dass die schöne gemeinsame Zeit zu Ende ist. Jeder Hundebesitzer hofft, dass er eines Morgens aufsteht und sein alter Hund friedlich eingeschlafen in seinem Korb liegt. Doch so unproblematisch ist die Sache oft nicht. Viele Hunde haben im Alter so große Beschwerden, dass das Leben nicht mehr viel Schönes für sie bietet. Wird es für Ihren Hund zur Qual, sollten Sie überlegen, ihn davon zu erlösen. Ihr Tierarzt hat Mittel zur Verfügung, die Ihren Labi sanft, ohne Angst und Schmerzen entschlafen lassen, vielleicht sogar in seiner gewohnten Umgebung. Bleiben Sie bei ihm in seiner letzten Stunde, denn das hat er als ein treuer Freund verdient. In Ihrem Arm wird er ruhig einschlafen.

Forum für Labrador Retriever

Literatur

G. Bloch: Der Wolf im Hundepelz, Westkreuz, Berlin 1998
E. Trumler: Mit dem Hund auf du, Piper, München 1996
B. u. G. Ting: Kleine Welpenschule, Romney's, 1995
R. A. Wolters: Neue Wege der Jagdhundeausbildung, Kynos, 1996
N. Hoefs/P. Führmann: Das Kosmos Erziehungsprogramm für Hunde, Kosmos, Stuttgart 1999
E. Lind: Richtig spielen mit Hunden, Naturbuch, Augsburg 1996
H. Weidt/D. Berlowitz: Spielend vom Welpen zum Hund, Naturbuch, Augsburg 1996

Adressen

Verband für das Deutsche Hundewesen e.V. (VDH),
    Westfalendamm 174, 44141 Dortmund, Tel. 02 31 75 65 00
Fédération Cynologique Internationale (FCI),
    13 Place Albert 1, B-6530 Thuin
Deutscher Retriever Club e.V. (DRC), Geschäftsstelle:
    Margitta Becker, Dörnhagener Str. 13, D-34303 Guxhagen
Labrador Club Deutschland e.V. (LCD), Geschäftsstelle:
    Karin Willkomm, Auf der Heide 1, D-41462 Neuss
Österreichischer Retriever Club, Geschäftsstelle:
    Monika Milota, Wahlberggasse 9, A-1140 Wien
Retriever Club Schweiz (RCS), Geschäftsstelle:
    Jacques Ditesheim, Schwarztorstr. 7, CH-3001 Bern

Widmung

Dieses Buch widme ich meinen Kindern Maria, Florian, Cornelia und Elisabeth für die aufgebrachte Geduld ihrer Mutter gegenüber und das Verständnis, wenn statt des Herdes mal wieder der Computer gequält wurde und manche gemeinsame Stunde verloren ging.

Danksagungen

Autorin und Verlag danken Perdita Lübbe-Scheuermann, Hundeerzieherin und Verhaltensberaterin, Dr. med. vet. Leni Niehof-Oellers, Gaby Schwermer, Zuchtwartin für Labrador Retriever im DRC, sowie allen Freunden und Hundeführern, die zum Gelingen des Buches beigetragen haben, besonders Ulla Sebastian, Christian Fey und Wolfgang Renner. Ein herzliches Dankeschön von Fotografin, Verlag und Autorin gilt auch Familie Horst Fehling aus Dillenburg Donsbach mit ihren Hunden „Von der Constanze".

Impressum

Es ist nicht gestattet, Abbildungen dieses Buches zu scannen, in PCs oder auf CDs zu speichern oder in PCs/Computern zu verändern oder einzeln oder zusammen mit anderen Bildvorlagen zu manipulieren, es sei denn mit schriftlicher Genehmigung des Verlages.

Die Deutsche Bibliothek – CIP-Einheitsaufnahme

Labrador Retriever: Checkliste: Kauf beim Züchter; Extra: Agilityparcours im Handumdrehen; Mit Lernspiel für Kinder / Manuela van Schewick. (Ill.: Manfred Lindner). – München : Augustus Verlag, 2000
 ISBN 3-8043-7165-5

Augustus Verlag, München 2000
© Weltbild Ratgeber Verlage GmbH & Co. KG
Alle Rechte vorbehalten
Fotos: Christine Steimer, Wölfersheim (Titelbild: „Minnows Trick or Treat", Besitzer: Horst Fehling)
Illustrationen: Manfred Lindner
Lektorat: Sibylle Kolb, Augustus Verlag
Layout und Satz: Uhl & Massopust, Aalen, nach einem Entwurf von Cosmas Fette, Offendorf, gesetzt aus der The Serif 9/13 Punkt
Reproduktion: Uhl & Massopust, Aalen
Umschlaggestaltung: Marion Kraus, Augustus Verlag
Druck und Bindung: Offizin Andersen Nexö, Leipzig
Gedruckt auf umweltfreundlich chlorfrei gebleichtem Papier
Printed in Germany

ISBN 3-8043-7165-5

Register

Abschied 60
Abstammung 4, 5
Agility 44, 46
Ahnentafel 21, 22
Alleine bleiben 14, 39
Alter 20, 60
Apportieren 4, 8, 9, 23, 25, 41, 42, 45
Augen 11, 33
Augenerkrankungen 55, 57
„Aus!" 27, 41
Ausbildung 13, 36–46
Auslandsreisen 47
Ausstellung 7, 19, 47
Auto fahren 25, 26, 40, 48

Baden 34
Begleithundeprüfung 48
Beschäftigung 13, 18, 43–46
Bett 27, 37
Betteln 31, 40
Beutespiel 8, 9, 40, 41, 43, 44
Bisswunden 54, 59

Dosenfutter 30
Dual Purpose Hund 6
Dummytraining 41, 42, 45
Dummyprüfung 9, 45, 48
Durchfall 54, 56, 58

Eingewöhnung 26–28
Ellenbogendysplasie 57
Entwurmung 58
Epilepsie 57

Erbrechen 54, 56, 58
Ernährung 29–32
Erziehung 35–42
Essensreste 29

Fahrrad fahren 44
Fellpflege 33, 34
Fertigfutter 29–31
Fieber messen 55
Field Trial 6
Flöhe 58
Flugzeug 15, 48
Futter 29–32
Futtermenge 29, 30
Fütterungsregeln 33

Gefahren 24, 28
Gesundheit 52–59
Größe 7
Grundausstattung 25

Halsband 25, 26, 37
Haltung 12, 13, 14
Haustiere 17
„Hier!" 36
Hitze 40, 53
Hitzschlag 59
Hochheben 26
Hüftgelenksdysplasie 57
Hundekuchen 32
Hundepension 48
Hündin 19, 50, 51

Ignorieren 39
Impfungen 52, 56
Impfplan 53

Jagdhund 4, 5, 11, 45
Jagdliche Ausbildung 45
Joggen 44
Jogger 42

Kastration 50, 51
Katzen 17
Kauf 21, 22
Kauknochen 32
Kinder 15–17
Kommen 36
Kontakt zu Artgenossen 14, 20, 22, 44, 45
Kosten 14, 15
Krallen 34, 35
Krankheiten 52–59
Krankheitszeichen 53, 54

Läufigkeit 19, 50
Lebenserwartung 13, 60
Leckereien 32
Leinenführigkeit 37, 38
Leptospirose 56
Lob 36–42

Magendrehung 57
Medikamente 55
Mineralstoffe 29, 30, 31
Mundwinkelecken 36

Nachwuchs 49
Nase 10, 11, 45
„Nein!" 26

Ohren 11, 34

Parasiten 58
Parvovirose 56
Pflege 32–34
„Platz!" 38, 39

Rangordnung 37
Rassestandard 7
Reisen 47
Rettungshund 43
Rüde 19, 51

Schlafplatz 25
Schnauzgriff 39, 40
Schock 59
Schweinefleisch 31
„Sitz!" 38
Smaller Newfoundland 4
Spaziergänge 43
Staupe 56
St. John's Dog 4
Steadiness 45
Stop 6, 7
Stubenreinheit 26–28
Stuttgarter Hundeseuche 56

Tierarzt 15, 54, 58
Tierheim 14, 21, 22
Tollwut 56
Transportbox 15, 48
Trockenfutter 30

Urlaub 47

Verantwortung 13, 17
Verhalten 8, 9
Verletzungen 59
Versicherungen 15

Weichmäuligkeit 9, 45, 47
Welpen 13, 14, 20–30, 35–44, 49, 58
Wesen 5, 6, 8, 9, 15–17
Will to please 8
Würmer 58

Zähne 32, 35
Zecken 58
Zeckenzange 58
Zeitbedarf 13, 14
Zucht 21, 49
Züchter 21, 22, 23, 49
Zwinger 14

Labradorspiel

Taktisches Würfel- und Lernspiel
für 2–4 Spieler ab 7 Jahren
Spielidee: Ingo Faustmann, Ravensburg
Fragen und Antworten: Manuela van Schewick

SPIELZIEL ist es, bei Spielende die meisten Punkte zu haben!

SPIELVORBEREITUNG Zunächst trennt ihr den Spielplan vorsichtig aus dem Buch heraus. Nun braucht ihr noch Spielmaterial, das ihr aus einem anderen Spiel herausnehmen könnt: einen Würfel mit den Zahlen 1 bis 6, eine Spielfigur für jeden Mitspieler, 12 Chips (oder Münzen), ein Blatt Papier und einen Stift.

Neben den *Lauffeldern*, auf denen ihr eure Spielfigur bewegt, gibt es 15 *große Labradorfelder* mit bunten Abbildungen. Davon sind 12 *Fragefelder* (auf denen ihr euer Wissen testen könnt) und 3 *Chancenfelder*, auf denen ihr mit Glück zusätzlich Punkte machen könnt. Legt auf die 12 Fragefelder jeweils einen Chip – am besten so, dass der Text nicht abgedeckt wird.

JETZT GEHT'S LOS! Jeder sucht sich eine Spielfigur aus und stellt sie auf das farbgleiche Startfeld. Wählt einen Startspieler aus und gebt diesem Spieler den Würfel. Danach geht es dann immer im Uhrzeigersinn weiter. Der Startspieler notiert zusätzlich eure Punkte und bekommt deshalb Papier und Stift. Wer an der Reihe ist, würfelt und bewegt dann seine Spielfigur genau um die gewürfelte Augenzahl weiter. Man kann in jede beliebige Richtung gehen. Jedes Feld zählt einen Würfelpunkt. Endet euer Spielzug auf einem Feld, wo ein Mitspieler steht, habt ihr Pech. In diesem Fall müsst ihr in eine andere als die gewünschte Richtung ziehen.

DIE 15 LABRADORFELDER Wer seinen Zug auf einem ➡-Feld beendet, kann jetzt vielleicht einen Punkt machen. Der Pfeil zeigt dabei auf das Labradorfeld, um das es jetzt geht. Ist es ein Fragefeld, dann liest dein linker Nachbar jetzt die Frage vor und du musst die richtige Antwort geben. Diese ist unter der Nummer des Feldes auf der folgenden Seite abgedruckt.

Stimmt die Antwort, wird dir ein Punkt gutgeschrieben und der Chip abgeräumt, ansonsten hast du Pech und beendest den Zug ohne Punktgewinn. Das Spiel endet, wenn der letzte der 12 Chips abgeräumt und damit alle Fragen einmal gestellt und beantwortet wurden. Ist es ein *Chancenfeld*, so kannst du Glück haben, einen Punkt einfach so zu bekommen: Wenn du jetzt eine der Zahlen würfelst, die auf dem Feld abgedruckt sind, dann erhältst du einen Punkt, ohne dass du etwas dafür tun musst.

WICHTIG Auf den Chancenfeldern kann jeder, wenn er darauf kommt, immer wieder sein Glück versuchen. Der Startspieler, der für euch die Punkte aufschreibt, muss aber wegen der Endabrechnung darauf achten, dass er für jeden Mitspieler die Punkte aus den Fragefeldern und aus den Chancenfeldern extra notiert!

DIE ABRECHNUNG Jetzt wird's spannend.
- Jeder Punkt auf Grund einer richtig beantworteten Frage eines Fragefelds zählt ganz normal.
- Jeder Punkt auf Grund eines richtigen Tipps auf einem Chancenfeld zählt auch als ein Punkt – mit der einzigen Ausnahme, dass man auf diese Weise nicht mehr Punkte zusätzlich machen kann als mit richtig beantworteten Fragen.

Ein Beispiel: Ute hat bei Spielende 3 Punkte aus den Fragefeldern und 4 Punkte aus den Chancenfeldern. Das ergibt, dass man bei Spielende nicht mehr Punkte für die Chancen dazuzählen darf als man Fragen richtig beantwortet hat: 3 Punkte (Fragefelder) + 3 Punkte (Chancenfelder – ein Punkt verfällt) = 6 Punkte insgesamt.

SIEGER IST, WER DIE MEISTEN PUNKTE HAT. VIEL SPASS!

Antworten zum Labradorspiel

1. Hundekauf Labrador Retriever kann man bei einem Züchter kaufen. Dort bekommst du meist Welpen, manchmal aber auch einen erwachsenen Hund. Gelegentlich wartet auch ein Labrador im Tierheim auf einen neuen Besitzer. In Hundezeitschriften und unter der Rubrik „Tiermarkt" in der Tageszeitung werden ebenfalls Labrador Retriever angeboten.

2. Ausstattung Dein Labrador benötigt einen Korb mit Decke, Leine und Halsband, Futter- und Wassernapf, eine Bürste und Spielzeug.

3. Andere Haustiere Labrador Retriever können sehr lieb mit anderen Tieren umgehen, aber das Jagen liegt ihnen im Blut. Langsam muss dein Hund sich unter Aufsicht an das andere Haustier gewöhnen und lernen, dass es dazugehört.

4. Ernährung Frisches Wasser muss immer in ausreichender Menge für den Hund bereitstehen.

5. Pflege Dein Labrador Retriever hat ein Fell, das ihn gegen Nässe sehr unempfindlich macht. Die Unterwolle ist fettig und das Wasser perlt daran ab. Jedes Shampoo greift diese Fettschicht an.

6. Verhalten Wirft dein Labi sich vor dir auf den Boden, dann untewirft er sich und erkennt Dich als ranghöheren „Hund" an. Mehr als sich ergeben kann er nicht. Du darfst ihn nicht weiter strafen. Geh einfach weg und schau ihn nicht an – ganz so wie ein ranghöherer Hund.

7. Sinne Hunde sind Jäger und ernähren sich von Beutetieren, die sich schnell bewegen. Alles was sich bewegt sehen sie deshalb am besten. Hast du deinen Hund gerufen, dann bewege dich, damit er dich sieht.

8. Erziehung Ein Labrador muss lernen, dass er bestimmte Dinge tun muss, wenn ein bestimmtes Wort gesagt wird. Macht er es richtig, solltest du ihn ausgiebig loben. Er weiß dann, dass du mit ihm zufrieden bist und wird Freude am Lernen haben.

9. Verwendung Der Labrador hat viele Eigenschaften, mit denen er Menschen helfen kann. Oft arbeitet er als Blindenführhund oder hilft Menschen, die eine andere Behinderung haben. Als Rettungshund kann er verschüttete Menchen finden, beim Zoll sucht er Rauschgift oder Sprengstoff, und natürlich hilft er dem Jäger, geschossenes Wild zu finden.

10. Gesundheit Die Tollwut ist eine der gefährlichsten Krankheiten für Menschen und Tiere. Damit deine Familie und dein Hund davor geschützt sind, muss dein Labi unbedingt geimpft sein.

11. Beschäftigung Labis sind Apportierhunde. Sie tragen für ihr Leben gern Gegenstände, holen und bringen, was man ihnen wirft. Im Wasser fühlen sie sich besonders wohl, sie schwimmen gut und gerne. Ein Labrador bewegt sich gern. Neben dem Fahrrad, dem Pferd oder beim Joggen wird der erwachsene Hund freudig mitlaufen.

12. Apportieren Wenn dein Labrador dein Spielzeug spazieren trägt, bist du zunächst einmal selbst schuld, denn es lag irgendwo, wo dein Hund dieses nach dir duftende Teil nehmen konnte. Ruf ihn freundlich zu dir, nimm ihm vorsichtig das Spielzeug weg, lob ihn dafür (!) und gib ihm am besten ein anderes Spielzeug, das ihm gehört.